I0492257

LORENZO SANGALLI

L'ARTE DELLO SPETTATORE

L'essere umano nell'incontro con l'opera d'arte

EDIZIONE IN PROPRIO

In copertina:
elaborazione grafica a partire da un'incisione del 1861 di Gustave Dorè,
dedicata al Paradiso di Dante.

PRIMA EDIZIONE

MARZO 2021

INDICE

PREFAZIONE

COME NASCE UN AMORE

di Massimo Giannetti

Come nasce un amore? Grazie a un evento, a un incontro che ci sconvolge, ci ribalta, ci disorienta… ci svuota e ci riempie contemporaneamente di nuove sensazioni e di immagini.

Anche se queste parole portano immediatamente a pensare al classico, naturale e istintuale innamoramento tra due persone, potremmo porci la stessa domanda rispetto a qualche altro aspetto della *realtà*. E ad uno in particolare, di cui possiamo senza dubbio dire che può cambiare una vita, far deragliare i nostri prevedibili destini. Sto parlando per esperienza personale… sto parlando dell'Arte, e in particolare dell'arte teatrale.

La mia personale esperienza mi permette di dire che *quella* sera in cui ho assistito, da spettatore, a *quello* spettacolo di teatro, che era decisamente non conforme alle classiche modalità drammaturgiche e di recitazione, e non lo era neanche come normale esperienza di osservatore di attori recitanti, bene… *quella* sera mi ha cambiato la vita. Già da subito, alla conclusione dello spettacolo, lasciandomi diverse ore della notte seduto sul gradino del teatro, ormai chiuso, a cercare di capire cosa mi fosse successo; per poi condurmi alla lucida sensazione di aver scoperto un nuovo mondo e, anzi, alla possibilità di esistenza di nuovi mondi.

Eppure, avevo semplicemente assistito a uno spettacolo teatrale, che però aveva completamente sconvolto le mie normali e razionali reazioni ad un evento del genere. Ed ecco che possiamo domandarci, e da allora non ho mai smesso di farlo: ma cosa è, o cosa può essere il Teatro? E, in senso più ampio: cosa è, perché esiste, e a cosa può servire l'Arte?

In questo pregevole e decisamente approfondito studio, Lorenzo Sangalli analizza da una prospettiva nuova il fenomeno dell'Arte, e in specifico delle arti performative, con un particolare riferimento al teatro: ed è, appunto, la prospettiva dello spettatore. In esso ho trovato (e ritrovato) quel processo di approccio all'Arte, e alle arti visive in particolare, la cui scintilla è nata in quella lontana notte, e che ha costituito la mia risposta alla grande domanda sul *senso* dell'Arte: il desiderare a mia volta di suscitare nello spettatore le grandi domande sulla *vita*, e sui suoi essenziali ed esistenziali elementi, facendogli aprire un nuovo e più ampio sguardo sulla realtà.

E così è stata, in tutti questi miei ultimi trent'anni di attività, la *magia* cercata, e spesso trovata, di quell'incontro che il teatro può e deve realizzare. La magia della "Esperienza Umana" più elevata, dove esseri umani si incontrano in un'altra "dimensione" rispetto alla quotidianità, e vivono momenti "rituali" e "sacri" dentro di loro e fuori di loro, condividendo attimi fatti di una speciale qualità di energia. Una energia che chiamerei "cosmica".

Vedere persone entrare per la prima volta nella sala d'attesa, con addosso l'odore, il ritmo, i suoni della propria realtà quotidiana. Vederle scoprire immediatamente, osservando gli abitué, che lì c'è invece tutt'altro spirito, un'altra atmosfera, lo scorrere di un altro tempo. Adeguarsi a quello spirito, forse all'inizio senza coglierne interamente il senso, se non l'attesa. E poi la tenda che si apre e si entra insieme nello Spazio del teatro, anzi, si entra proprio NEL teatro: si cammina sul lato dello spazio scenico, e lentamente… si è in scena…!

Del *tempo* della performance e nella performance, e del *tempo* dello spettatore, ne parla magistralmente l'autore di questo studio. Nulla da aggiungere. Il rito si compie nei suoi diversi livelli temporali di esecuzione e di percezione. Ma si è TUTTI, per un poco, fuori da quella realtà considerata come "normale." Attori e spettatori. E il regista, anche, che osserva tutto assieme. Solo tutto l'assieme, spettatori inclusi, è lo spettacolo… il suo spettacolo.

Quando è finito, nessuno si alza. Ma si continua a respirare il profumo dell'ineffabile. Del darsi totalmente, reciprocamente, attori e spettatori. Finito lo spettacolo le persone rimangono sedute, come aspettando qualcosa. Lo sguardo è in un *altrove*. E si ricrea un'altra modalità di incontro. Ma ribaltata. La quarta parete è totalmente svanita. Ci si guarda, regista, attori e spettatori. La famiglia è tutta riunita, come alla cena di Natale. Il rito, in effetti, prosegue. Alcune caute domande, degli spettatori più *esperti*, mentre i *nuovi* osservano un po' impauriti questo strano momento. Poi qualcuno di loro azzarda una domanda. Si è vicini, si è accettati, si è inclusi nell'infinito processo creativo.

E quando ci si saluta, a volte nel bisogno di un abbraccio, si ritrovano diversi volti ancora sorpresi, disorientati. Gli attori e il regista rimangono, per ritrovarsi nella loro specifica identità e chiudere lo Spazio teatrale. Ma capita spesso che fuori, in piccoli gruppetti o addirittura da soli, seduti in silenzio su un gradino, o guardando nel cielo sorridente, alcune figure si stanno domandando... se è così... che nasce un amore.

L'ARTE DELLO SPETTATORE

[…] «Noi siamo usciti fore
del maggior corpo al ciel ch'è pura luce:

luce intellettual, piena d'amore;
amor di vero ben, pien di letizia;
letizia che trascende ogne dolzore. […]»

Come sùbito lampo che discetti
li spiriti visivi, sì che priva
da l'atto l'occhio di più forti obietti,

così mi circunfulse luce viva,
e lasciommi fasciato di tal velo
del suo fulgor, che nulla m'appariva.

Paradiso XXX, 38-51

Nota editoriale:
Per non appesantirne la forma, nel corso dell'intero testo verrà sempre usata la forma maschile di parole che, in Italiano, declinano in modo anche significativamente diverso al femminile: è il caso di "spettatore/spettatrice", ma anche di "attore/attrice"; e poi diremo "il" regista, "il" performer, e così via. Resta inteso, come dovrebbe emergere dai temi trattati, che in tutti i casi si fa sempre riferimento all'essere umano in quanto tale.

PREMESSA:

PER UN'*ARTE DELLO SPETTATORE*

La prima bozza di questo testo vede la luce nell'autunno del 2020, l'anno della pandemia, durante la cosiddetta "seconda ondata", che soffocò i tentativi di ripresa di molte attività, tra cui quelle artistiche e culturali. Rileggo le qui presenti note di premessa al testo finale (finale solo per ora, vedi quanto segue) che è ormai la fine di febbraio 2021, e cinema, teatri, associazioni, scuole di formazione artistica… tutto chiuso: la fruizione di eventi artistici, e degli incontri che vi ruotano attorno, sono ancora quasi del tutto inaccessibili. Così, da casa, ho pensato di iniziare a prendere qualche "nota" su un tema che mi interpella da molti anni, ossia sul mio approccio, da spettatore, nell'incontro con un'opera d'arte.

L'idea era di raccogliere qualche spunto, per poi provare a farne un piccolo studio dal minimo carattere di formalità: citazioni, riferimenti, bibliografia, eccetera. Invece, dopo mezza paginetta di brevi note, qualcosa si è letteralmente "sbloccato" e ho iniziato a scrivere di getto tutto quello che mi transitava nei pensieri. Questo testo è nato così: un flusso ininterrotto per il quale non ho fatto scalette, non ho consultato alcuna fonte esterna mentre lo redigevo, e il cui risultato non è altro che ciò che ho da offrire personalmente riguardo alla mia esperienza di spettatore. Rileggendo e apportando note e integrazioni, ho pensato che, a questo punto, fosse improprio andare a cercare e giustapporre così, *ex post*, riferimenti bibliografici e autorevoli citazioni. Alla fine, lo scritto è rimasto in questa forma: un testo molto personale, con solo l'aggiunta di una selezione (peraltro altrettanto personale) di *Fonti* per chi volesse trovare spunti di approfondimento in relazione a quanto letto.

Per tutto ciò che precede, la versione qui pubblicata nel marzo del 2021 è dichiaratamente una "prima edizione", cioè un testo di base che esiste per essere, se verrà l'opportunità, ulteriormente integrato e ampliato in futuro. E questa intenzione è guidata da due motivazioni: per prima cosa, l'argomento relativo all'ipotesi di un'*Arte dello spettatore* è virtualmente inesauribile, e lo sarebbe a maggior ragione nel momento in cui fosse messo in relazione con tutti quegli accenni che verranno più volte qui abbandonati perché "fuori tema", ovvero le osservazioni che riguardano chi l'opera d'arte la genera. Infatti, artista e spettatore sono situati ai due lati complementari dell'opera d'arte in una effettiva relazione dialogica, sebbene possa accadere che questa avvenga a distanza (nello spazio e/o nel tempo), che moltiplica le correlazioni e le conseguenze dell'aver generato o aver fatto esperienza di un'opera: questa relazione reciproca meriterebbe ampie considerazioni di cui, nel testo che segue, si potrà forse trovare qualche iniziale riverbero. Il secondo motivo per cui questo testo vorrebbe arricchirsi di nuovi elementi in futuro è che, come sarà evidente dalla sua lettura, gli manca di sfociare in una pratica fatta sul campo: il passare cioè da una trattazione teorica, appoggiata finché si vuole su scoperte personali, a un'esperienza concreta da condividere con chi fosse interessato a questi sviluppi di consapevolezza nel proprio collocarsi dalla parte dello spettatore.

Questo aspetto di verifica concreta di ciò che è qui proposto, che trae appunto origine dall'esperienza personale fatta da me che ne sono l'autore, è il progetto che spero prima o poi possa essere realizzato, pandemia e atrofizzazione culturale della società permettendo. Per poi ritornare a questo testo, riprendere in mano le sue prime ipotesi che lanciano lontani segnali di fumo verso una possibile *Arte dello spettatore*, ampliarle e costruire integrazioni, magari ragionando, come si diceva, anche sul ruolo e sulle implicazioni che riguardano l'artista, perché vi sia pari consapevolezza al di qua e al di là dell'evento centrale che è l'opera d'arte.

L.S.

PARTE 1

LA FUNZIONE DELLO SPETTATORE

La parola *spettatore* deriva dal latino *spectàre*, ovvero "guardare". In definitiva, spettatore è l'osservatore, è "colui che guarda". Dunque non esiste spettatore senza un oggetto da guardare; in altri termini si potrebbe dire che uno spettatore è sempre il *complemento* di un qualcosa che esiste e di cui egli fa esperienza. Vi sono molte tipologie di eventi, diversissime tra loro, che possono essere oggetto di osservazione e che, quindi, possono produrre la condizione di spettatore. In particolare, questo scritto è dedicato allo spettatore di un'opera d'arte e, ancora più nello specifico, sarà considerato lo spettatore di un'opera di tipo performativo. Intendiamo, con tale specificazione, tutte le possibili opere d'arte caratterizzate dalla presenza di un artista che agisce in unità di tempo e di luogo rispetto allo spettatore, e che possono essere di tipologia molto varia: dal teatro al circo, dal concerto alla *action painting*, dalla coreografia al *reading* letterario... insomma, la gamma di possibili eventi performativi è molto ampia, purché soddisfi questa condizione di compresenza tra artista e spettatore, sulla quale ritorneremo con maggior dettaglio quando, nel seguito, ci caleremo verticalmente a considerare l'opera teatrale. Ma prima di entrare in questo ambito particolare, occorre gettare alcune basi in riferimento all'arte *tout-court*, e a come questa specifica attività umana abbia caratteristiche proprie, che dovrebbero interessare grandemente chi ne sia lo spettatore. Per alcuni accadimenti, esserne gli osservatori produce in fondo solo la possibilità di raccontarne lo svolgimento: se, ad esempio, osserviamo cadere un albero, potremo descrivere l'evento con un'accuratezza proporzionale alla quantità di dettagli che avremo notato. Ma, oltre alla possibilità di

15

raccontarlo, un essere umano potrà trarre ben poco d'altro da ciò che è accaduto, in termini di insegnamento.[1] A chi è spettatore più o meno casuale di un accadimento del genere si dà piuttosto il nome di *testimone*.[2] Ma ciò di cui qui andiamo in cerca è piuttosto una condizione di spettatore che sappia esercitare la consapevolezza necessaria a trarre effettive possibilità di conoscenza dall'evento osservato, e uno degli ambiti privilegiati per questo tipo di approccio è, appunto, quello della creazione artistica.

L'arte infatti, quando perseguita secondo l'ordine e il grado che le compete, essendo imitazione della condizione di esistenza a cui partecipa l'essere umano, e quindi allo stesso tempo suo simbolo e rappresentazione, può indurre, in uno spettatore attento e consapevole, nuove possibilità di conoscenza riguardo alla propria condizione esistenziale. Come l'artista indaga con la propria coscienza e conoscenza i materiali in cui si immerge (e dei quali, in ultima analisi, la sua personalità si *nutre*), e li rielabora secondo determinate tecniche in una forma trasmissibile ad altri, così lo spettatore può accostarsi a tale opera con la stessa attitudine indagatoria, rifiutando una fruizione solamente passiva e puntando invece a rigenerare in sé un percorso di svelamento e comprensione dei materiali presenti nell'opera,[3] riferendoli al proprio stato di coscienza. È in questi termini che viene qui proposto l'utilizzo del termine *Arte dello spettatore*.

Se dunque lo spettatore diventa tale solo in presenza di un'opera d'arte, dobbiamo per prima cosa definire cosa essa sia.

---

[1] Questo non è del tutto vero, ovviamente. Ogni evento osservato può portare in effetti a due ordini di insegnamento, uno pratico (ad esempio, imparare come sia più opportuno agire al verificarsi di un evento del genere o, anche, come adoperarsi per prevenirlo, o favorirlo, in futuro) e, comunque, anche un apprendimento di ordine coscienziale, in quanto ogni cosa è riferibile a istanze relazionali e simboliche che possono essere viste e interpretate da chi ne abbia la nozione (il che è l'oggetto di questo scritto, come viene subito specificato nel paragrafo successivo).
[2] Termine che però è stato recentemente usato anche in relazione allo spettatore di una determinata forma di teatro, di cui verrà dato conto più avanti.
[3] Avremo modo di descrivere come tali "materiali", in un evento di tipo performativo, non riguardino solo testi, immagini, musiche, eccetera, ma si spingano fino a coinvolgere la presenza stessa dell'artefice nell'opera.

Per andare dritti al nocciolo della questione che ci interessa, diremo che un'opera d'arte è propriamente la generazione di un *mondo* da parte di un artefice,[4] che è l'artista. Questo significa che l'artefice trae da sé stesso la capacità di elaborare e trasformare un complesso di riferimenti di varia natura, ricombinandoli secondo diverse tecniche e attribuzioni di senso, per generare una *forma-mondo* che prima non esisteva in quella modalità. La qualità e l'efficacia della *forma-mondo* generata, da un punto di vista artistico (un punto di vista comunque esterno all'artefice, perché nulla può essere giudicato di ciò che ha senso per l'artista stesso), avrà il suo fondamento nella capacità dell'opera di *risuonare* in chi ne viene a contatto (lo spettatore, appunto), secondo criteri di natura assai diversa.[5]

Il termine usato poco sopra, risuonare, è scelto appositamente per evidenziare che ogni opera d'arte lavora in qualche modo su aspetti *vibratori*. Vibrazione è infatti *movimento*, e non c'è opera, cioè atto/azione dell'essere umano, senza che vi sia un movimento, il quale, nel caso specifico, è il movimento dell'artefice che agisce sulla materia (della più varia natura: è comunque sempre *materia*)[6] per generare un *mondo*. Del resto, la stessa parola "arte" viene fatta risalire alla radice indoeuropea *ar-*, che ha il senso primario di "andare, mettere in moto, muoversi verso".[7] L'attuarsi dell'opera, di fatto, *congela* questo movimento (cioè l'azione) del suo artefice e lo restituisce allo spettatore nel momento del loro incontro: questo *congelamento* è particolarmente visibile nel concreto in forme artistiche quali la pittura, l'architettura o la poesia, che veicolano

---

[4] In questo testo, quando viene utilizzato il termine artefice, che sarà sempre usato al singolare, si intende con esso includere la pluralità di chiunque svolga un ruolo creativo nella generazione dell'opera d'arte, come sarà più estesamente trattato nella Parte 2.

[5] E nel presente scritto ne potremo menzionare solo alcuni.

[6] Il termine *materia* non è qui inteso nel senso di "oggetto materico", ma piuttosto in quanto "sostanza" utilizzabile dall'artefice per produrre la sua opera, qualunque ne sia il genere e la qualità, fosse anche una qualità *sottile* come può essere, ad esempio, un sogno o un ricordo.

[7] E con questo si pone il problema, per l'artista, di muoversi verso… cosa? È un tema che non può avere spazio in questo testo dedicato allo spettatore, ma che meriterebbe considerazioni approfondite.

17

l'opera su un "supporto" permanente (almeno in termini di princi-pio) nel tempo,[8] ma è altrettanto vero per le forme performative, dove il movimento, precedentemente *fissato* in una sequenza tem-porale e spaziale codificata, viene in seguito riproposto (*replicato*) in azione nel *qui e ora*. Dunque, per grande sintesi, il processo si può descrivere in questo modo:

a. l'artefice muove intenzionalmente di sua iniziativa a generare un *mondo*, che è l'opera;

b. questo movimento creativo (*poiesis*) viene trasferito e *conge-lato* (fissato) nell'opera, insieme a tutto l'apparato di segni, simboli e riferimenti infusi in essa;[9]

c. lo spettatore muove intenzionalmente di sua iniziativa all'in-contro con l'opera;

d. il movimento creativo originario (*poiesis*) e l'apparato di se-gni, simboli e riferimenti di quel mondo vengono *scongelati* (replicati) in presenza dello spettatore e gli diventano perciò accessibili.

Per quanto svolto precedentemente, tutto quello che si può dire è che l'apparato creativo presente nel mondo generato dall'ar-tefice diventa perciò *accessibile* allo spettatore,[10] ma non possiamo

---

[8] Se però risultasse contro-intuitivo ammettere la presenza di qualità vibrato-rie *congelate* in una forma artistica statica, come può esserlo la pittura, ecco una breve esperienza personale che può servire da esempio: per lungo tempo ho potuto vedere le opere di Van Gogh solamente come rappresentazione fotografica; è solo quando finalmente fui davanti a uno dei suoi quadri che potei notare come, in certe pennellate, la vernice *uscisse* letteralmente dalla superficie piana dal quadro con uno spessore di un centimetro o anche più. Lì, in presenza di tali spessori, della cui qualità materica una fotografia non poteva rendere conto, percepii fisicamente l'energia del movimento della mano del pittore che agiva sul pennello mentre dipingeva *quel* quadro: per il tramite di quei riccioli di vernice, ormai solidificati, la vibrazione originaria dell'atto di Van Gogh, eseguito in un altro luogo e in un altro tempo, giun-geva fino a me.
[9] Che l'infusione di tutti i significati presenti nell'opera sia sempre intenzio-nale da parte dell'artista o meno, è un lungo discorso che porterebbe troppo lontano: certamente l'opera, per vie misteriose, risulta sempre più della somma delle parti immesse dall'artefice.
[10] Con un limite importante, che è quello della perizia dell'artista nella rea-lizzazione dell'opera (che, cioè, potrebbe non essere adeguata a riprodurre il

certo affermare che tale trasferimento avvenga *automaticamente*: e questo è precisamente lo snodo in cui si colloca la possibilità di un'arte dello spettatore. Cosa dunque ci autorizza a parlare di *arte*, riferendosi allo spettatore? Nello schema qui sopra, è rimarchevole l'analogia tra il punto *a* e il punto *c*: pur nella diversità dello scopo, artefice e spettatore entrambi "muovono intenzionalmente" verso l'opera, uno per generarla, l'altro per riceverla. L'opera è perciò quello che davvero *conta*: è la moneta con le sue due facce, è lo specchio da attraversare, e chissà quante altre figure metaforiche si potrebbero trovare... L'opera è dunque al centro della questione: l'esistenza di tale *mondo* è il perno intorno al quale tutto ruota.[11] Artefice e spettatore dell'opera, quindi, possono essere, nell'esercizio della propria funzione e nei rispettivi ambiti che competono loro, entrambi degli "artisti": l'uno genera un mondo, l'altro lo recepisce e, come vedremo, di fatto lo *rigenera* internamente a sé, secondo la propria comprensione. Lo spettatore è quindi chiamato, in questo "sistema", ad adempiere a una *funzione* sua propria, speculare a quella dell'artista. Ma in che senso intendere questo "adempiere"? Il senso etimologico di adempiere è "riempire un vuoto": per l'artefice, quindi, adempiere alla propria funzione significa colmare l'inesistenza del *mondo* in divenire che andrà a generare, mentre per lo spettatore, che è ricettivo, l'esperienza della fruizione dell'opera consente di aggiungere alla propria condizione interiore ulteriori istanze di senso-significato-intuizione (e quindi, in definitiva, di conoscenza), che prima non erano presenti.

Ci sarebbe molto da dire riguardo ai processi creativi che, in questa prospettiva, concernono l'artefice, ma qui ci occupiamo dello spettatore e, quindi, dobbiamo compiere un'astrazione e considerare lo spettatore che si avvicini a un'opera ideale. Abbiamo detto che lo spettatore è il complemento dell'opera dell'artista; certo, un'opera può restare senza spettatori, come può restare inosservata la caduta di un albero nel profondo di una foresta ma, nella

---

mondo da lui generato interiormente a sé), ma questo non è l'oggetto del presente scritto, che assumerà lo svolgersi di un'opera priva di tali difetti.

[11] Si consideri il fatto che nell'antichità l'artista era per lo più anonimo. E questo non avveniva perché fossero "sbadati": si tratta di un'altra concezione di arte, rispetto a quella moderna, dove ciò che conta è appunto l'opera, per motivi davvero fondamentali che non possiamo però approfondire qui.

norma, un artista crea, oltre che per un proprio percorso di ricerca, anche per far giungere la propria creazione a un pubblico. Dunque, prendendo in prestito un termine matematico, lo spettatore è parte dell'*equazione* artistica, e non un puro "accidente", il che è un altro motivo di giustificazione per parlare di *Arte dello spettatore*. Questo è vero in particolare in quanto l'atto di essere spettatore di un'opera d'arte non è casuale: come proposto nello schema qui sopra, lo spettatore di una forma artistica è colui che intenzionalmente si reca all'incontro con l'opera prodotta dall'artista.[12]

Il motivo, o motivi, che portano lo spettatore all'incontro con l'opera possono essere di qualità assai diversificata, ma qui non ce ne occuperemo: prenderemo infatti in considerazione solo lo spettatore ideale, ovvero colui che può trarre il meglio da questa sua condizione, lasciando a ciascuno di misurarsi riguardo alle proprie intenzioni e motivazioni. Di tutte le forme d'arte possibili, focalizzeremo le nostre considerazioni incentrandole sullo spettatore di forme performative. Il motivo di tale scelta è relativo alla loro peculiarità di necessaria compresenza nello stesso spazio e nello stesso tempo di performer e spettatore, condizione che amplia lo spettro delle questioni specifiche che possiamo trattare in merito all'arte dello spettatore, in particolare in virtù della *immediatezza* della relazione performer/spettatore, contrapposta alle forme in cui questa relazione è invece *mediata* da un supporto di varia natura (una tela, un libro, una pietra scolpita, una foto, un video, eccetera)[13] che sostiene e "trasporta" l'opera dal momento e dal luogo della sua generazione a un altro tempo e un altro spazio in cui avverrà l'incontro con lo spettatore.

---

[12] La modernità ci offre alcuni casi-limite riguardo a questo "andare" verso l'opera: ad esempio, un film può essere trasmesso sul televisore di casa propria, o addirittura sullo schermo del telefono che si porta sempre con sé. In ogni caso, fosse anche solo per l'accensione del dispositivo e la necessità di selezionare l'opera da visionare, l'intenzionalità da parte dello spettatore nell'andare *incontro* all'opera rimane, anche se non vi è spostamento fisico da una località ad un'altra.
[13] Per un approfondimento, vedi l'Appendice sulle peculiarità inerenti all'arte cinematografica in relazione a questa dicotomia tra arte *mediata* e *immediata*.

Nell'evento performativo questa distanza non c'è: o meglio, vi può essere in relazione alle fasi della composizione dell'opera, ma lo svolgimento dell'atto è sempre in un *qui e ora* di compresenza tra performer e spettatore. E, tra le forme in cui vi è la compresenza performer/spettatore, restringiamo ancora di più il campo della trattazione agli eventi teatrali. L'ulteriore restrizione al teatro è per riduzione: di fatto, ogni evento performativo è assimilabile (per gli scopi delle considerazioni che seguono) a un evento teatrale. Se questo è facilmente comprensibile per forme come la danza o l'opera classica, in cui il performer appare impegnato in un'intesa attività scenica dovuta all'evidente coinvolgimento del corpo, vi sono altri eventi performativi, come ad esempio quelli di tipo concertistico, in cui uno spettatore non particolarmente attento finirà per porre attenzione solo alla musica prodotta, e non alla presenza dei musicisti, che normalmente sono performer relativamente fermi nello spazio:[14] ma di tale presenza, come emergerà in quello che segue, uno spettatore consapevole dovrà sempre tenere conto, anche in un concerto.

---

[14] Questo è specialmente vero per i concerti di musica classica, come è ben noto, mentre nel caso di altri stili musicali, specie in quelli di matrice popolare o quelli contemporanei, il musicista può essere talvolta visto palesemente "in azione". È molto interessante, in tempi recentissimi, l'esperimento condotto da David Byrne che, nel 2018, ha realizzato una serie di concerti (il tour *American Utopia*) in cui tutti i musicisti potevano muoversi nello spazio, avendo reso portabili a spalla tutti gli strumenti (la batteria era suddivisa tra più percussionisti): in questo modo, Byrne ha potuto realizzare una vera e propria coreografia di movimenti per ogni brano eseguito, coinvolgendo tutti i musicisti nell'intero spazio libero del palco, e rendendo così particolarmente *cinetico* l'evento del concerto.

PARTE 2

ARTEFICE E SPETTATORE DELL'OPERA D'ARTE

La ricezione di un'opera artistica avviene, in ultima analisi, per *immagini*. L'essere umano non pensa per astratto, ma traduce sempre spontaneamente l'esperienza in immagini interiori. Persino l'ascolto di pura musica, in particolare se svolto con attenzione e non come mero sottofondo, suscita immagini con cui l'ascoltatore si relaziona. Da queste immagini scaturisce, per accostamento e trasformazione, ogni tipo di associazione, ricordo, emozione, ma anche affermazione positiva, determinazione e, al limite, comprensione, a seconda delle possibilità di ogni individualità coinvolta. La concezione tradizionale (antica) dell'arte è che essa deve svolgere un ruolo di formazione per l'essere umano: l'artista imita l'esperienza del mondo sensibile che lo circonda ma, nel farlo, attua meccanismi di associazione e di selezione, in particolare nella direzione di esaltazione o riduzione delle istanze *quotidiane*, che si può spingere fino al grottesco e al surreale.[15] Questo meccanismo di selezione e di alterazione dell'esperienza quotidiana consente di rendere maggiormente evidenti (in potenza, perché poi la comprensione sta nell'intelletto di chi guarda) le tematiche relative alla condizione dell'essere umano, al suo posto e ruolo nell'esistenza, e alle qualità (positive o negative) che caratterizzano lo stato umano. L'arte è dunque eminentemente uno strumento di *conoscenza*, ovvero di *saggezza*, che apre a possibilità di evoluzione del proprio stato di coscienza. Queste possibilità, per quanto precede,

---

[15] E se anche si rimanesse all'interno di una rappresentazione il più possibile naturalistica, o finanche di documentazione, come può essere uno scatto fotografico, permane sempre e inevitabilmente l'esercizio di selezione e composizione da parte dell'artista rispetto alla *realtà* da cui trae l'opera.

concernono sia l'artista che lo spettatore. La saggezza, così poco tenuta in considerazione nei tempi attuali, non è altro che il conoscere (chi conosce veramente qualcosa, *sa*), ed è perciò sulla qualità del proprio conoscere che si dovrebbe riflettere con attenzione. Come verrà sviluppato nel corso del testo, il "conoscere" che viene allo spettatore di un'opera d'arte non dovrebbe solo essere considerato come un insieme di nozioni o come semplice "erudizione" in qualsivoglia argomento. Si tratta, piuttosto, di un processo interiore che coinvolge più livelli dell'essere umano, di cui diventare pienamente consapevoli. Naturalmente, vi è un numero indefinito di *mondi* immaginabili, e perciò generabili in un processo creativo, e altrettante possibilità di intenzione e di livelli di conoscenza nell'artefice, perciò, nei fatti, ogni artista, nel suo tempo e a partire dalla propria cultura, finirà per produrre un'opera conforme al proprio stato (culturale e di coscienza) e attualizzato rispetto ai propri campi di interesse che, ad esempio, possono essere interessi di tipo: introspettivo, sociale, relazionale, politico, spirituale, trascendente, eccetera. Il livello di consapevolezza presente negli artisti contemporanei riguardo a tutto ciò sarebbe da porre alla prova (l'artista non può dare ciò che non ha... e la domanda sarebbe: egli sa cosa non ha?), ma non è questo il contesto per farlo. Come detto, indipendentemente da queste ultime considerazioni, utilizzeremo come paradigma un'opera ideale, realizzata da un'artista ideale, senza specificarne contenuti o tematiche.

Considerando l'opera performativa, essa è un insieme molto complesso di meccanismi che devono funzionare al meglio (in un'opera ideale, essi funzionano appunto *perfettamente*). Nello specifico del teatro, si può identificare una triade di artisti che deve lavorare congiuntamente (ma non necessariamente nello stesso tempo-spazio) alla realizzazione dell'opera: il drammaturgo, il regista[16] e l'attore.[17] A partire dal teatro del XX secolo, queste figure

---

[16] Operiamo qui una semplificazione: quando diciamo "regista" includiamo in questo termine anche tutte le altre molteplici funzioni eventualmente necessarie per attuare la messa in scena (scenografo, costumista, direttore dell'illuminazione, eccetera): così è possibile ridurre la maggiore complessità della produzione di un'opera teatrale a questa più semplice triade.

[17] Per effettuare un parallelo, nell'opera d'arte concertistica vi sono: compositore, direttore d'orchestra, musicista.

sono spesso assimilate nelle discipline performative, e i confini tra queste funzioni in certe tipologie di performance sono sovrapposte, ma lo schema ideale rimane. Anzi, vedremo come chiunque lavori a una creazione teatrale sia effettivamente chiamato a ricoprire tutte queste tre funzioni, anche se con priorità, gerarchia e finalità assai differenti tra loro. Poco importa, poi, se esistono figure artistiche che, lavorando in solitaria, ricapitolano pienamente sulla propria persona le tre funzioni: in ogni caso, ne incarneranno sempre una per volta, a rotazione.

Il drammaturgo è colui che *concepisce* l'opera. Non diciamo "colui che scrive il testo drammaturgico", concetto che sarebbe adatto per un teatro precedente al secolo scorso, proprio per dare conto degli sviluppi più recenti dell'arte teatrale dove, specialmente in certe tipologie di eventi performativi, si rende necessario parlare piuttosto di *partitura* drammaturgica. Una partitura è, proprio come l'analogia con la partitura musicale indica, un insieme di *strumenti* necessari all'attore per la riproduzione dell'opera: testo, musica, canto, azioni corporee, relazione con gli oggetti di scena, e così via. Ognuno degli *strumenti* utilizzati entra nella drammaturgia con la sua linea di esecuzione e il suo intreccio in relazione agli altri strumenti, per non dire dell'intreccio con le partiture di eventuali altri performer in scena. È interessante notare come il drammaturgo non possa in alcun modo inserire nella partitura alcun elemento ("materiale") che concerne lo stato interiore dell'attore: memorie, riferimenti, percorsi emotivi... questo è fuori dalla sua giurisdizione.[18]

Il regista è l'artigiano, qui inteso in quanto *colui che è maestro nel proprio mestiere*, che trasforma la partitura del drammaturgo in evento performativo accessibile allo spettatore, grazie alla sua capacità di *organizzare* la macchina della messa in scena (luci, scene, costumi, eccetera) e di *dirigere* impulsi e intenzioni dell'attore, sollecitando in lui suggestioni, idee e significati che fa propri, in relazione alla partitura da eseguire, e guidandone l'efficacia performativa fino alla definitiva approvazione e fissazione nella

---

[18] Naturalmente, questo invece avviene quando sia l'attore stesso ad essere, in tutto o in parte, l'autore della sua partitura: vedi poco oltre, sul contributo alla partitura da parte dell'attore.

riproducibilità.[19] Va da sé che, in questa prospettiva, che non è già più quella di una responsabilità unicamente confinata alla pura messa in scena, il regista è sempre anche un po' drammaturgo, perché con le sue scelte, anche quelle più pienamente pratiche, determina anch'egli apparati di segni-significati che possono aggiungersi, sovrapporsi, a volte perfino confliggere con quelli del drammaturgo. In pratica, nel teatro contemporaneo (in specie, quello dei gruppi di *ricerca* o di *ensamble*) il regista lavora in *tandem* stretto con il drammaturgo, o è lui stesso regista-drammaturgo *tout-court*.

All'attore spetta l'interpretazione della partitura drammaturgica, ed è colui che si presenta in scena di fronte allo spettatore. Anche per l'attore lo specifico è quello dell'artigiano: egli è infatti l'artigiano del proprio corpo (inteso in tutte le possibili estensioni del corpo-voce, le quali possono essere esplorate con livelli di dettaglio praticamente indefiniti): lo utilizza, lo gestisce, lo modella e lo adatta alle esigenze della partitura che deve interpretare.[20] Per tendere, idealmente, al perfetto controllo delle proprie possibilità espressive corporee, l'attore si esercita e si allena al di fuori dell'evento performativo. Del resto, un artigiano non può diventare tale se prima non va a *bottega* a imparare il mestiere da un Maestro: questo esercizio del corpo-voce è ciò che nel XX secolo ha iniziato a chiamarsi il *training* dell'attore, il cui scopo primario è, appunto, la rimozione progressiva dell'incapacità da parte del corpo di adempiere all'intenzione espressiva dell'attore. In un certo tipo di teatro contemporaneo, quello variamente denominato come "terzo teatro" o "teatro di ricerca" (o con altri nomi ancora), l'attore è pienamente coinvolto (per lo meno, tanto quanto possa esserlo in funzione delle sue capacità ed esperienza) nella definizione della propria partitura, ad esempio per mezzo di improvvisazioni *catturate* in seguito dal regista o con altri metodologie, e questo lo rende almeno in parte partecipe dello sviluppo drammaturgico stesso. Non solo: aver menzionato poco sopra che l'attore è artigiano del proprio corpo, non era certo inteso a escludere l'enorme complesso

---

[19] In questo, il regista svolge la funzione di *primo spettatore*, il che significa che un buon regista dovrebbe conoscere e saper operare in sé i principi di consapevolezza dello spettatore che andremo determinando.

[20] Vi è un anche un aspetto di *alter ego* del drammaturgo-regista da parte dell'attore che sarebbe interessante considerare, ma esula da questo trattato.

delle istanze psichico-emotive[21] che l'attore può mettere in atto per la sua interpretazione. In definitiva, nel teatro è l'attore che dà propriamente *corpo* all'opera[22] ed è l'unico, tra i creatori/esecutori dell'opera con cui lo spettatore si relazionerà, da cui la posizione centrale e *critica* del ruolo del performer nella trasmissione allo spettatore dei contenuti dell'opera stessa.

Può tutto questo lavoro sussistere e avere un senso, in assenza di un evento performativo che lo mostri a degli spettatori? Certamente sì: un lavoro di ricerca creativa ha pienamente senso per il suo artefice perché ne esprime una possibilità e una necessità. Ma il *teatro* propriamente detto avviene quando c'è l'incontro in compresenza tra attore e spettatore.[23] Dunque, l'ultimo tassello necessario perché vi sia *teatro* è, appunto, la presenza dello spettatore. Vale la pena ribadire: senza spettatore non c'è un evento performativo come è qui considerato. Può esserci invero dell'altro: anzi, tutta l'ultima parte della vita e della ricerca di Jerzy Grotowski, uno dei principali innovatori del teatro nella seconda metà del secolo scorso, e il lavoro portato avanti all'interno del proprio Workcenter, è andato precisamente nella direzione dello sviluppo di una modalità espressiva da parte dell'attore che fosse completamente svincolata dalla presenza di uno spettatore. Non che lo escluda necessariamente e in tutti i casi, ma di fatto non lo prevede come condizione di compimento dell'opera, interiormente all'artista. È la nozione di "arte come veicolo", che Grotowski ha fatto propria, in alternativa a un'arte che si proponga come unico esito la "produzione" (di uno spettacolo). L'attore/performer, in questo caso, viene denominato con la parola Inglese *doer*, ovvero "colui che fa" (si tratta di un cambio di nome per nulla di facciata, ma affatto esprimente un rivolgimento cruciale di paradigma per

---

[21] E diciamo che è un "enorme complesso" sia perché tali istanze sono molto variegate tra loro, ma anche in quanto sono assai… complesse da gestire per l'attore stesso.

[22] Coadiuvato finché si vuole dall'apparato scenico, il quale però può anche essere rarefatto fino al punto di essere del tutto assente: è il "teatro povero" teorizzato e realizzato (o viceversa…) da Jerzy Grotowski negli anni '60 del secolo scorso.

[23] Ed è, ancora una volta, una definizione di Grotowski, che sottende una ricerca di quanto sussiste di veramente essenziale in un evento teatrale.

l'attore), e il processo è in tal modo rivolto maggiormente verso il proprio sé.[24] Fuori da questa modalità, e quindi all'interno di un modello specificatamente performativo, ovvero di produzione di spettacoli, il performer può in effetti provare e riprovare la parte in solitudine quanto vuole, ma il compimento dell'opera (ovvero l'adempimento della sua funzione) avviene necessariamente in presenza dello spettatore, altrimenti, dei quattro punti elencati nella Parte 1 riguardo al processo creativo, mancherebbe la seconda metà.[25] Date queste premesse, cosa autorizza dunque lo spettatore a prendere sottogamba l'evidenza della sua necessità in relazione all'opera generata? Perché lo spettatore si sente generalmente de-responsabilizzato riguardo alla performance a cui assiste, come se l'esistenza di quel nuovo *mondo* non lo riguardasse e l'unico chiamato a contribuire attivamente all'evento performativo (che, per quanto detto sopra, è un evento di *incontro*) fosse il performer? Questo scritto vuole risvegliare lo spettatore all'importanza fondamentale del suo ruolo, e di come questo, una volta compreso, apra a possibilità inaspettate.

---

[24] Ancora una volta, si tratta di un tema molto vasto che porterebbe fuori dall'argomento principale di questo scritto, perciò ci limitiamo a questo breve accenno.

[25] Trasponendo ad altra disciplina potremmo dire: l'opera del cuoco è pienamente realizzata quando il piatto cucinato viene infine mangiato... I parallelismi tra arte culinaria e arte performativa sono in realtà molteplici, e meriterebbero una riflessione.

PARTE 3

PARTITURA, MESSA IN SCENA, PUBBLICO

Analizziamo ora, per grandi linee e calandoci nello specifico delle produzioni teatrali, quali sono le componenti di un'opera ideale che sono di primario interesse per le considerazioni che vogliamo svolgere. Sarà necessario operare delle semplificazioni perché, se da una parte non vogliamo ridurre tutto a uno schema troppo semplicistico (per quanto sia già *teatro*: ad esempio, un solo attore in scena senza costume né scenografia) che precluderebbe la trattazione di alcuni elementi fondamentali per lo spettatore, d'altra parte, a dare conto di tutta la complessità di un evento performativo articolato ci perderemmo in dettagli distraenti dai fondamentali, per quanto siano importanti al fine dell'esistenza dello "spettacolo" finale. Quella che ci farà da riferimento sarà perciò una performance teatrale dai contorni e dai temi non definiti, da cui trarremo all'occorrenza gli elementi che ci saranno utili.

È però importante segnalare che, per poter sviluppare le considerazioni che seguono, il prototipo di situazione teatrale a cui ci si riferisce con queste note è certamente quello di un teatro il cui artefice lo concepisca fin dall'origine come occasione di ricerca (umana, antropologica, spirituale, tecnica, sperimentale, eccetera) e di incontro. Per un teatro che si fonda su queste premesse, le condizioni concrete di ideazione ed esecuzione della performance convergono tipicamente su alcune modalità dalle caratteristiche condivise (seppur con diverso grado di applicazione e di rilevanza per ciascun artefice di tali opere, com'è giusto e inevitabile che sia):

a. produzione *artigianale* dalle risorse limitate (rispetto alle produzioni più o meno *grandi* dei contesti istituzionali);[26]
b. ricerca dell'essenziale nella messa in scena (spesso una conseguenza diretta del precedente punto);
c. lavoro di costruzione della partitura in stretta relazione tra drammaturgo, regista e attore;
d. vicinanza più o meno spinta degli spettatori allo spazio di azione degli attori.

Il motivo per cui ci riferiamo a questa tipologia di performance teatrale risiede nella constatazione che essa privilegia processi che sono del massimo interesse nel momento in cui si vuole parlare del risveglio delle potenzialità di uno spettatore consapevole. Evidentemente, ogni aspetto riguardo all'arte dello spettatore che verrà qui trattato ha la possibilità di applicarsi, con gli stessi principi, a produzioni e condizioni performative di tutt'altro genere, anche se con qualche limite invalicabile: ad esempio, quando analizzeremo cosa succede nella relazione attore-spettatore nel momento in cui essi siano posti in condizione di vicinanza nello spazio della performance, sarà improponibile applicare le stesse considerazioni a casi in cui, come succede in un edificio teatrale di grandi dimensioni, lo spettatore magari assiste alla performance seduto nell'ultima fila della tribuna, da dove vede gli attori in scena della dimensione del proprio mignolo… Senza contare che, in quel caso, quasi certamente gli attori saranno microfonati, o la voce non giungerebbe al pubblico lontano con un volume adeguato, perdendo perciò in tal modo tutte le possibilità di relazione non mediata con le qualità vibratorie direttamente emesse dalla voce dell'attore. Torniamo alla performance: si può dire, semplificando, che per eseguire una performance teatrale serve una *partitura*, una *messa in scena* e un *pubblico*.

---

[26] "Artigianale" non è affatto in contrapposizione con "professionale". Al contrario, colui che conserva la maestria di una professione è propriamente l'artigiano, come già affermato più sopra. Quindi attribuire la qualifica "artigianale" non è indicare una diminuzione di qualità ma, semmai, un suo perfezionamento. E, naturalmente, non si vuole certo qui sostenere che una produzione dotata di grandi risorse non possa esprimere a sua volta tale qualità.

Della partitura abbiamo detto: si tratta dell'insieme di tutti gli elementi necessari all'artefice per riprodurre l'opera, per quanto concerne direttamente la sua azione in scena o dietro le quinte: ogni attore avrà la propria partitura, chi manovra le luci avrà la sua, come anche chi deve far intervenire eventuali musiche, e così via. Vi potranno essere dunque inclusi (secondo necessità): testi, canti, azioni fisiche, oggetti e costumi da utilizzare, posizioni nello spazio e nel contesto della scenografia, relazioni con altri attori in scena,[27] e così via. Il tutto posto nel tempo-spazio della performance, affinché ogni elemento vi compaia nella giusta posizione e nel momento previsto. Quanto precede è patrimonio comune dell'attore e del regista, e serve perché la performance possa svolgersi. L'attore, poi, che ne sia o meno a conoscenza il regista, potrà aggiungere alla propria partitura altri elementi *interni* a sostegno della performance, e questi possono (eventualmente) essere: immagini, ricordi, sensazioni, e qualsiasi tipo di riferimento esterno alla stretta drammaturgia *visibile* dell'opera stessa ma che, evidentemente, la rendono ciò che è.[28] Lo scopo e l'utilità finale della partitura è quello di poter riprodurre la performance così come è stata concepita e preparata, esattamente come un musicista riproduce la musica sul suo strumento leggendo lo spartito.[29]

Per quanto riguarda la messa in scena, essa concerne l'apparato immaginario, concettuale e tecnico che il regista adopera per consentire all'idea creativa del drammaturgo di essere rappresentata e all'attore di agire in accordo alla partitura. La messa in scena determina sempre un'attualizzazione del complesso di segni-simboli concepiti dal drammaturgo, per mezzo delle scelte concrete

---

[27] Anche se, a conti fatti, questa è solo una specificazione particolare del flusso generale di azioni fisiche del singolo attore, che integra tutte queste relazioni con gli altri.

[28] Vi sarebbe molto da dire riguardo alle diverse tradizioni e scuole che attribuiscono valori assai discordanti ai vari elementi *interni* all'attore, per cui lo stesso elemento può essere esaltato o disconosciuto (per fare un esempio classico: il coinvolgimento emotivo dell'attore rispetto alla *vita* del personaggio o, al contrario, il suo straniamento), ma non è questo il luogo per farlo.

[29] Anche se un'analogia più precisa, in questo caso, sarebbe quella del solista che ha imparato a memoria la sua parte dallo spartito e la esegue nel momento del concerto senza più averlo davanti.

attuate dal regista.[30] Nella messa in scena concorrono perciò elementi auditivi (musica, rumori), fisici (scene, oggetti, costumi) e spaziali (divisione dello spazio, determinazione delle relazioni reciproche tra gli elementi in scena) che il regista organizza in concerto con la generazione della partitura dell'attore, con tutte le possibili variazioni temporali rispetto alla reciproca sequenza di creazione: la messa in scena, o parte di essa, può essere antecedente allo sviluppo della partitura da parte dell'attore,[31] oppure successiva (spesso le grandi produzioni sviluppano i due ambiti indipendentemente, se non altro in modo parallelo, fino alla convergenza nell'ultimo periodo di prove) o, infine, in contemporanea (e questa è la più tipica situazione in un teatro *di ricerca*).

Infine, il pubblico: salvo casi particolari, il pubblico non viene selezionato (cioè invitato *ad personam*) dall'artefice: l'evento normalmente è aperto a chiunque voglia partecipare all'incontro, e le individualità degli spettatori che partecipano all'evento sono, perciò, un elemento sconosciuto al regista e al performer. Infatti, è tipico che l'attore e il regista possano commentare a posteriori relativamente alla *bontà* del pubblico presente a una particolare replica, e di solito questo giudizio deriva dalla loro percezione in merito alla *risposta* (ovvero reazione) degli spettatori alla performance, risposta che non è ancora quella successiva alla conclusione dell'evento, espressa magari con opinioni più o meno articolate a commento dello spettacolo, ma è proprio ciò che si può percepire da parte del performer nel *qui e ora* dell'evento in corso. Vi è infatti un livello di reattività dello spettatore, in quanto essere umano al cospetto di altri esseri umani in azione, che precede ogni razionalizzazione e avviene in tempo reale, e vedremo più da vicino come questo accade. È interessante notare una cosa che viene data per scontata e, quindi, sulla quale non ci si pone mai alcuna domanda. C'è un patto, un *contratto* non scritto ma preciso e rigorosamente rispettato, tra artefice e spettatore tale per cui lo

---

[30] Un esempio è quello delle attualizzazioni moderne nell'opera classica, che alcuni registi decidono di portare in un altro tempo-spazio rispetto a quanto concepito nel libretto originale.

[31] È questo il caso di Antonio Rezza che genera i propri materiali attoriali dopo che Flavia Mastrella gli mette a disposizione uno spazio con degli elementi scenici già organizzati, da loro chiamato *habitat*.

spettatore è chiamato a non intervenire su quanto sta accadendo in scena.[32] Lo spettatore, cioè, se fosse scrutato da un ulteriore osservatore che sia esterno a tutto l'insieme spettacolo-pubblico, risulterebbe per lo più un soggetto passivo nell'evento, che abbiamo definito di *incontro*, che è la performance. O meglio, la passività (a cui peraltro lo spettatore medio si conforma volentieri) è la deriva negativa di una qualità che invece è positiva nella sua essenza, ed è quella della *ricettività*. È quest'ultima che, al contrario e per mezzo della consapevolezza operata dallo spettatore, può divenire anch'essa una facoltà per così dire *attivata*, non nei termini di una manifestazione fisica esteriore,[33] quanto come moto *interno* allo spettatore che, in conseguenza di questo effetto, diventa perciò pienamente partecipante all'evento.

Per capire come questa condizione *ricettiva-attiva* possa prodursi nello spettatore, è necessario per prima cosa diventare consapevoli di un meccanismo inevitabile nell'ambito della coscienza umana esposta a un evento artistico, ovvero la generazione spontanea (spesso inconsapevole) di una narrazione interiore.

---

[32] Questa norma è stata oggetto di diverse sperimentazioni di rottura della stessa, nella storia del teatro moderno, specie negli anni 60-70 del secolo scorso quando gli spettatori venivano sfidati, in certi contesti, a essere parte attiva dell'evento performativo: sono i cosiddetti *happening* – vedi, ad esempio, quanto spesso proposto dal Living Theatre. Ma l'idea non si esaurisce unicamente in eventi così spinti all'eccesso: nelle caratteristiche del teatro di ricerca vi è *in nuce* un'opzione partecipativa, anche se in altri termini; ad esempio, in virtù della già citata vicinanza del pubblico allo spazio di azione degli attori, la cui *energia* risulta così pienamente esperibile (e, quindi, relazionabile). Torneremo con maggior dettaglio sulla questione delle *energie*.
[33] Ma in parte anche sì, vedi gli aspetti relativi alla *cinestesia* che tratteremo nella Parte 8.

PARTE 4

NARRAZIONE E FUNZIONI RICETTIVE
NELLO SPETTATORE

Più sopra[34] abbiamo affermato che l'opera d'arte deriva dalla capacità dell'artista di elaborare e trasformare un complesso di riferimenti di varia natura, ma comunque afferenti all'ambito dei *nomi* e delle *forme*,[35] ricombinandoli secondo diverse tecniche e attribuzioni di senso, per generare un *mondo* che prima non esisteva in quella modalità, e che tale *mondo* è capace di suscitare "risonanze" nello spettatore. Precisiamo meglio il senso di questo meccanismo.

L'artista, nella sua fase creativa, non può che trarre gli elementi costitutivi della sua opera dalla propria personale *sfera* del conosciuto. Il livello di conoscenza di ciascun elemento utilizzato dall'artista può essere vario, e può perciò andare da una semplice nozione a un sapere organico e costitutivo della personalità stessa dell'artista.[36] Una porzione più o meno ampia di tale *sfera* sarà patrimonio condiviso da chi incontra l'opera, e questi spettatori sapranno perciò riconoscere determinati elementi quando questi appariranno nell'opera stessa, sebbene con tre riserve. La prima

---

[34] Vedi Parte 1.

[35] Si tratta di *nāma-rūpa* per le dottrine induiste e buddhiste, ovvero i *nomi* e le *forme* che sono le qualità di ogni ente individuale contingente esperibile secondo le modalità di percezione sensoriale (anche se non esclusivamente).

[36] Come questi diversi livelli di conoscenza entrino nella formazione dell'opera, e con quale rilevanza (a volte maggiore o minore rispetto all'intenzione dell'artista stesso), è un altro dei temi interessanti riguardo alla natura del processo creativo, il quale però non è l'oggetto di questo scritto.

riserva è che quel "più o meno" di conosciuto in modo condiviso tra artefice e spettatore può celare differenze anche molto grandi di ampiezza (con le conseguenze del caso in termini di possibilità di accesso ai contenuti dell'opera); la seconda è che un elemento, concettuale o fenomenico, può assumere significati e riferimenti anche enormemente diversi tra le persone, a partire dall'individuale esperienza, preparazione, ricerca e, in definitiva, stato di coscienza di ciascuno. Questo ha a che fare con ciò che, in un qualsiasi elemento sottoposto a percezione, è *essenza* rispetto ciò che è la sua *apparenza*: chi non indaga l'essenza delle cose (la quale, peraltro, nella sua accezione primigenia è ontologicamente una, e perciò fondamento unico di ogni modificazione contingente), poiché in tal modo attiva strumenti superficiali per la propria indagine, non potrà che pervenire a una conoscenza delle sole molteplici *apparenze*, la cui influenza determina uno stato di coscienza altrettanto mutevole tra i diversi esseri umani.

Infine, la terza riserva è che, come detto, l'artista ha, all'interno del proprio processo creativo, la possibilità e, di fatto, il *potere* di alterare, ricombinare e persino stravolgere apparenza e collocazione di un elemento che risulti condiviso con lo spettatore, per esperienza comune, tale per cui esso finisca per risultare, ad una visione superficiale, in varia misura occultato, ovvero *trasformato* e quindi non più direttamente intelligibile senza un processo di *ritrasformazione*, cioè di interpretazione, da parte dello spettatore. Tale potere dell'artefice è il *potere* demiurgico, cioè di colui che può plasmare un mondo a suo criterio. Questo naturalmente determina un grado di responsabilità nell'artista, in relazione alla *nascita* di questo mondo da lui generato, il che è un altro dei molti temi relativi all'artista che non possiamo sviluppare qui. Queste tre riserve rispetto al patrimonio di nozioni ed esperienze condivise tra artefice e spettatore, variamente combinate tra loro, determinano squilibri di *lettura* (ovvero di ricezione, cioè di comprensione) dell'opera d'arte che, proprio per la diversità tra gli esseri umani, sono destinati a verificarsi sempre e comunque. Sono squilibri di fatto inevitabili, e sono il motivo per cui non vi è mai una risposta univoca, da parte di tutti gli spettatori, alla visione di un'opera d'arte. E questo è qualcosa che sia l'artefice che lo spettatore dovrebbero sempre tenere presente nel loro rispettivi ambiti di competenza, insieme a un quarto fattore, che è il seguente.

Poiché la *poiesis* dell'artefice viene restituita (*scongelata*, liberata) allo spettatore nel momento della performance,[37] ed essa è generata dall'artefice a partire da riferimenti più o meno comuni, lo spettatore non può fare altro che constatare, mentre assiste a un elemento della performance stessa, l'emersione di un'immagine di riferimento, nel suo proprio spazio di coscienza, in *risposta* a quello specifico elemento. Questo avverrà allo stesso modo con un altro degli elementi messi in scena, che sia simultaneo o successivo al precedente, e così via, costituendo alla fine un flusso di immagini che *scorre* nello spettatore insieme allo svolgersi della performance. E poiché la mente cognitiva umana, ma anche la capacità intuitivo-riflessiva insita nella natura umana, in presenza di più di un'immagine non può fare altro che metterle in relazione tra loro, ecco che un flusso di immagini successive che si affacciano alla coscienza dello spettatore nel tempo della performance determina inevitabilmente lo svolgimento di una *narrazione*. Ora, il problema è che esiste già una narrazione in atto, che è quella della performance, e questa è concepita, stabilita e attuata da chi la performance l'ha generata (l'artefice). Cosa garantisce che la narrazione "esteriore" della performance e quella "interiore" che si viene formando in *ciascuno* degli spettatori sia sovrapponibile? In linea di principio, niente. E questo, in una parola, è il mistero straordinario e ricco di meraviglia dell'atto artistico.

Prendiamo un caso-limite esemplificativo: immaginiamo una performance che inizi in uno spazio vuoto, e supponiamo che una luce si accenda su un attore vestito con una tuta neutra nera al centro dello spazio, con il volto sereno e gli occhi chiusi. Improvvisamente, l'attore spalanca gli occhi, guarda in alto a sinistra, apre la bocca e porta le mani davanti al proprio viso, mentre il busto, per la reazione, si sposta verso destra. Malgrado sia un atto molto semplice, ad esso diversi spettatori potrebbero associare una *storia* anche radicalmente diversa: c'è chi potrebbe vederci il segno di un assalitore che sta per commettere un atto violento sul personaggio

---

[37] Vedi schema nella Parte 1.

in scena, chi l'apparizione di un angelo splendente che abbacina gli occhi del personaggio, qualcun altro potrebbe interpretare lo spostamento verso destra del corpo dell'attore come una preparazione a precipitarsi verso il lato sinistro e, infine, potrebbe anche esserci qualcuno a cui quell'immagine non ha ancora prodotto alcuna associazione intelligibile e resta perciò "in attesa" di vedere cosa succede dopo. Di tutte queste interpretazioni date alla semplice scena di esempio, non ce n'è una che sia illegittima. Lo spettatore ha il diritto e l'autorità di rispondere in modo personale a ciò a cui viene esposto, a partire dalle proprie associazioni interiori.

Dunque vi può essere sia sovrapposizione tra storia/senso/significato proposti dall'artefice e quanto recepito dallo spettatore (sempre con tutti i "più o meno" del caso), che discordanza tra le due narrazioni, ma anche incapacità da parte dello spettatore di identificare (temporaneamente o del tutto) nella performance una narrazione che sia coerente, o soddisfacente, o esaustiva. Nessuno dei tre casi dipende esclusivamente dall'artefice o dallo spettatore, ma entrambi concorrono a determinarla. Per l'artefice si è detto: egli è il generatore del *mondo* della performance, e quindi deve essere preparato come artigiano per realizzarlo e riprodurlo nei modi e nelle forme appropriate alla propria intenzione e, di conseguenza, non può permettersi alcuna genericità, approssimazione o mancanza di capacità nel portare a compimento la sua opera, con il relativo apparato di segni e simboli. Ma questo riguarda l'arte dell'artefice e, pur avendo moltissime implicazioni, queste non verranno trattate qui. Invece, per quanto riguarda lo spettatore, se vuole trarre il massimo dalla possibilità di incontro con l'opera dell'artefice, se vuole cioè minimizzare il "rischio" che l'opera resti per lui inintelligibile (si parla in questo caso dell'opera ideale, priva di manchevolezze sue proprie), è necessario che sviluppi una vera e propria *arte*, il cui primo passo è il seguente: lo spettatore deve diventare conscio del processo di generazione di immagini interiori durante lo svolgimento della performance a cui assiste.

La questione sembra semplice, ma non lo è, perché questa presa di consapevolezza deve avvenire senza che vengano depotenziate altre funzioni, alcune delle quali in realtà procedono tipicamente "in automatico" ma che devono anch'esse essere *viste* e riconosciute nello stato di coscienza dello spettatore consapevole. Queste altre funzioni sono:

a. il livello prettamente intellettuale dell'esperienza artistica, dove vengono identificati concetti e cognizioni di varia natura (testuale, filosofica, ideologica, eccetera);
b. il *movimento* di tipo emotivo (ovvero gli stati d'animo) che, sebbene con certi suoi limiti, consente una sorta di *connessione* di tipo immediato con la performance in atto (ed è perciò facilmente riconoscibile);
c. la capacità innata del corpo di "percepire" le qualità vibratorie presenti, e di reagire ad esse;
d. la risposta di tipo intuitivo, che è poi la più genuina sorgente di comprensione di ciò che è *essenziale* nell'atto artistico ma, in quanto tale, è la più difficile da identificare e riconoscere.

In effetti, lo spettatore che voglia sviluppare la propria arte, dovrebbe diventare via via consapevole di tutti questi aspetti che in realtà avvengono il più delle volte in contemporanea e di cui, in tutto o in parte, spesso non sa riconoscerne l'insorgenza e identificarne la natura. Ma il primo esercizio, in quanto più immediatamente percepibile, è quello appunto di monitorare e riconoscere la generazione di immagini interiori al cospetto della performance (e del performer) e, come diretta conseguenza, l'emersione inevitabile di una *narrazione*. Come agevolare questo riconoscimento e questa consapevolezza?

PARTE 5

ACCOSTARSI ALL'OPERA

Potrà sorprendere, ma l'inizio di questo processo di consapevolezza va identificato e perseguito *prima* dell'evento della performance. In questi tempi moderni di fruizione impulsiva delle cose, si è completamente dimenticato il valore del tempo che precede tale fruizione, e della possibile preparazione a un incontro, in questo caso con un'opera d'arte, che si può esercitare. Consideriamo l'attore: egli, nell'imminenza dell'evento in cui dovrà esibire quanto (magari lungamente) preparato, avrà bisogno di trovare proprie modalità di concentrazione, di ricapitolazione delle proprie intenzioni (anche e soprattutto in riferimento alla partitura da eseguire), di accumulo delle energie che gli saranno necessarie per l'azione... in definitiva, avrà bisogno di estraniamento dalle modalità quotidiane del vivere *profano* (assimiliamo volentieri lo spazio della performance a quella di un luogo sacro), per favorire l'immersione in uno stato di coscienza del proprio essere che non sia più *sequestrato* dagli adempimenti del vivere quotidiano e si predisponga così all'evento *qualificato* ed extra-quotidiano che è la performance. Perché tale processo non può trovare analoghe modalità e analoga intenzione da parte dello spettatore? Perché, se la performance è il momento dell'incontro tra attore e spettatore, solo uno dei due vi si prepara con dedizione?

Al di là del già menzionato "patto non scritto" che riguarda il non intervento nell'opera da parte dello spettatore, che lo predispone alla passività, e del pagamento di un corrispettivo in denaro per accedere alla performance (ma l'artigiano vive del suo lavoro, quindi non vi è nulla da recriminare in questo), perché lo spettatore

41

non si dispone a entrare in una dimensione di sacralità dell'evento[38] e non trova a sua volta il tempo e i modi per arrivare al momento della performance concentrato e con i sensi attenti? A costo di cadere nel particolarismo, ci sono delle azioni molto concrete che possono essere messe in atto dallo spettatore per avvicinarsi alla performance. Alcune sembreranno banali, ma tutte hanno la loro importanza per il conseguimento di questo scopo:

a. Organizzarsi per arrivare nel luogo della performance con un adeguato anticipo (almeno venti minuti prima, meglio mezz'ora).

b. Evitare di fare telefonate o di utilizzare strumenti *social* fino a poco prima della performance. Possibilmente silenziare o spegnere del tutto il telefono già all'arrivo sul luogo della performance (ancora meglio se già durante il tragitto).

c. Non trovarsi in condizione di avere fame o sete durante la performance. Ma, anche, non aver mangiato abbondantemente o aver assunto qualsiasi tipo di sostanza psicotropa (ad esempio, alcolici).

d. Se si è parte di un gruppo di spettatori (magari non tutti interessati all'arte dello spettatore), cercare di parlare con loro di questioni inerenti l'arte, evitando il più possibile questioni mondane, o afferenti alle problematiche quotidiane. Per quanto possibile, parlare con voce calma e moderata, evitando eccessi.

e. Se ci sono le condizioni, isolarsi dal contesto (il che non vuol dire necessariamente spostarsi fisicamente) e provare a concentrarsi, con l'intenzione di creare una "distanza" dalle proprie incombenze quotidiane.

f. Evitare di leggere eventuali fogli di scena che possano essere stati distribuiti: quando lo spettatore curioso è quasi del tutto ignaro dei contenuti della performance a cui sta per assistere, è più pronto a farsi sorprendere da ciò che vi accade. Se sono state create delle note di regia, queste potranno piuttosto essere lette al termine dell'evento.

---

[38] E ci sarebbe molto da dire sulla concezione di "sacrificio" insita nell'atto (potenzialmente) *totale* di espressione da parte dell'attore.

g. Osservare con estrema attenzione il contesto in cui si viene posti prima dell'inizio della performance, a partire da un'eventuale sala di attesa (o foyer) fino all'ingresso in sala (o spazio condiviso attore/spettatore): immagini, suoni, oggetti, eventuali elementi eterogenei collocati dall'artefice precedentemente all'inizio temporale della performance, ovvero tutto quanto entri nel proprio spazio percettivo.

Lo scopo a cui tendere prima che la performance abbia inizio, sia per l'attore che per lo spettatore consapevole, è quindi un *silenzio interiore*. Salvo qualche caso particolare, la quasi totalità degli eventi performativi inizia con un silenzio più o meno prolungato. Lo spettatore attento dovrebbe anticipare questo momento simbolico in sé stesso prima del tempo stabilito dall'artefice, affinché lo possa gustare al meglio. Infatti, se nel teatro comune il momento del silenzio precedente lo spettacolo è quasi sempre un mero passaggio tecnico per indicare al pubblico (tipicamente vociante fino a quel momento) di tacere, uno spettatore consapevole vedrà nel silenzio iniziale una qualità capace di richiamare simbolicamente il momento di quiete e di indeterminatezza precedente al *fiat lux*: se la performance è un *mondo* che (ri)prende vita, prima di esso vi è la stasi assoluta, ben rappresentata dal silenzio (spesso accompagnato anche dal buio in sala). Per lo spettatore, lo stato di silenzio interiore è la condizione ideale per la ricettività dell'opera: in quel silenzio non vi sono preoccupazioni rivolte alla vita quotidiana, al lavoro, a qualsiasi dipendenza o condizione esterna all'evento performativo. Non vi sono elementi di pre-giudizio, magari a partire dalla constatazione che il posto a sedere è scomodo: ogni elemento rientra nel complesso accadimento dell'esperienza in corso. Ogni cosa è nel momento e nel luogo *giusto*, non perché lo sia oggettivamente, ma perché lo è *necessariamente*: se non fosse così sarebbe altrimenti, ma questo è ciò che c'è. Con una simile attitudine interiore, lo spettatore è pronto, attento e ricettivo nei riguardi del *mondo* che sta per manifestarglisi.

Dunque inizia la performance, di qualsiasi cosa si tratti: cosa dovrà fare lo spettatore, a partire da questa condizione di silenzio interiore e di attenzione concentrata verso ciò che appare sulla scena? Al dipanarsi degli elementi costitutivi del *mondo* che l'artefice ha ideato, ognuno collocato nel tempo-spazio della messa in scena, lo spettatore diventerà consapevole delle immagini che, in successione, andranno generandosi nel proprio piano percettivo. Osserverà come queste saranno interiormente messe in relazione, sarà via via attento alle altre funzioni che entrano in gioco nel proprio corpo-intelletto-coscienza (quelle elencate nella Parte 4, su cui torneremo a breve), e identificherà la narrazione che sta prendendo forma in sé stesso. Tale narrazione, non va dimenticato, avviene nel "qui e ora" del tempo della performance[39] e quindi, questione molto importante, si tratta in effetti di una *ipotesi*. Ovvero: mentre il *mondo* dell'opera si sviluppa nel proprio tempo-spazio, lo spettatore che (assumiamo) non sa pressoché nulla a priori su quanto andrà ad accadere[40] formulerà delle ipotesi riguardo alla sua comprensione degli avvenimenti in scena e alla coerenza/validità della narrazione che sta sviluppando.

Prendiamo il caso di un'opera di tipo sperimentale, o comunque di ricerca, dove gli elementi selezionati e posti in essere da parte dell'artefice sono significativamente elaborati e trasformati rispetto alla loro evidenza quotidiana. Magari di fronte allo spettatore, come prima scena, un attore si muove nello spazio in modo totalmente bizzarro,[41] declamando un testo non conosciuto con una voce molto alterata, mentre compie un'azione che non sembra avere alcuna relazione con il testo… ecco, di fronte a qualcosa di non immediatamente codificabile, ma che comunque restituisce necessariamente delle *immagini* alla sua percezione, lo spettatore dovrà fare delle ipotesi. Dovrà ipotizzare chi potrebbe essere questo personaggio, un motivo per cui agisca proprio così e perché la voce gli esce in quel modo, dovrà cercare di identificare il senso

---

[39] Assumiamo, ovviamente, una prima visione dell'opera. Alcune di queste considerazioni eventualmente cadono alla visione di una replica ma, in quel caso, ve ne sono altre che possono entrare il gioco.

[40] Fondamentalmente (e sia detto di passaggio per quanto abbia notevoli implicazioni), come accade nella vita.

[41] Sia inteso che l'aggettivo "bizzarro" è qui usato solo come giudizio di apparente contrapposizione a un comportamento corporeo di tipo *quotidiano*, ovvero considerato "normale", perché non ci può essere alcuna "bizzarria" nelle facoltà espressive dell'essere umano, se sviluppate con retta intenzione e padronanza del propri mezzi.

del testo declamato, anche se gli è ignoto, e metterlo in qualche modo in relazione con il resto degli elementi della scena... Insomma, uno spettatore consapevole non potrà liquidare la situazione come "incomprensibile", solo perché gli elementi giustapposti dall'artefice non sono immediatamente identificabili, senza provare a collocare quanto visto in un contesto che abbia, per sé stesso, una sua validità e coerenza o, detto in altri termini, senza provare a sua volta a identificare l'emersione di un suo *mondo*, proprio dello spettatore s'intende, a partire dagli elementi dati. Lo spettatore avrà perciò elaborato un'ipotesi interpretativa riguardo a quella prima scena. Cosa succede ora? Accade che la performance prosegue con scene e azioni successive: restando concentrato e attento, lo spettatore avrà la possibilità di verificare se l'ipotesi fatta nella prima scena sia sostenuta da quanto segue. È così? Gli elementi che si aggiungono, nutrono e rafforzano la prima ipotesi che ha fatto? Oppure arriva nel suo campo di percezione un personaggio, un'azione, una musica o un testo che danno un'associazione diversa, ma così *giusta*, da fargli cambiare i termini della prima ipotesi?

E così via, fino al termine della performance. Ma non solo, perché gli effetti delle immagini interiori generate dalla visione del mondo ideato dall'artefice accompagnano lo spettatore ben oltre i confini temporali della performance, portandolo magari a riconsiderare in un secondo momento le proprie ipotesi interpretative... senza parlare dell'eventuale visione di repliche, che sottopongono necessariamente a revisione le ipotesi fatte con la prima visione. Il risultato della comprensione finale da parte dello spettatore può essere diverso da quanto auspicato e perseguito dall'artefice? Come detto sopra, assolutamente sì. Anzi, è praticamente inevitabile, e gli artisti che ci sembrano essere più avanzati nella loro consapevolezza di artefice sono proprio coloro che non puntano a un significato didascalico della loro opera ma, al contrario, spesso rifiutano di fornire una qualsivoglia spiegazione "ufficiale" della stessa.[42]

---

[42] È paradigmatico di questa attitudine il seguente scambio di battute tra il regista David Lynch e un suo intervistatore: [Lynch] "Potrà sembrare strano, ma considero *Eraserhead* il mio film più spirituale." [Intervistatore] "Interessante, puoi dirci qualcosa di più al riguardo?" [Lynch] "No."

È importante a questo punto ribadire che, sebbene espresso finora come un processo in cui la funzione principale sembra essere solo quella cognitiva, la risonanza di un'opera nello spettatore non è affatto esclusivamente tale: tutti gli aspetti evidenziati nella Parte 4, cognitivi ed extra-cognitivi, hanno un ruolo fondamentale nel processo di accessibilità, comprensione e risposta ai vari contenuti sovra– e sotto– testuali di un'opera. Li andiamo ora a considerare uno per uno.

PARTE 6

LA COMPRENSIONE COGNITIVA

Lo spettatore sta dunque assistendo allo svolgersi dell'opera. Delle quattro funzioni che possono attivarsi nello spettatore,[43] solo la prima è in ambito cognitivo. Solitamente, però, è quella a cui viene data maggiore rilevanza, anzi, per alcuni spettatori sembra essere l'unica di cui si accorgono coscientemente, ed è appunto quella che afferisce alla comprensione intellettuale dell'opera. Vale la pena soffermarvisi comunque, per provare a evidenziare qualche aspetto che non è così immediato. Va però subito detto, e non mancheremo di ribadirlo in seguito, che nessuna di queste funzioni che si attivano "in risposta" alla fruizione dell'opera d'arte, può essere veramente isolata dalle altre: tutte avvengono più o meno simultaneamente, in misura maggiore o minore, e il *problema* per lo spettatore è precisamente quello di esserne consapevole, e di discernerle.

Ammettiamo dunque che la performance a cui si assiste abbia un testo nella partitura. Esso può essere, semplificando, di due tipi: o è un testo al servizio del racconto di un unico intreccio narrativo,[44] oppure può trattarsi di una collezione di testi presi da fonti più o meno eterogenee per tipologia, epoca e autore,[45] che l'artefice colloca nella partitura, in associazione con gli altri elementi della

---

[43] Vedi Parte 4.
[44] È questo il caso della drammaturgia classica; ad esempio, un dramma di Shakespeare o una commedia di Goldoni.
[45] Una partitura testuale di questo tipo è tipica del teatro di ricerca, che fa della composizione di materiali eterogenei una sua caratteristica distintiva (anche se non necessariamente esclusiva).

performance, nel contesto della progressiva manifestazione del *mondo* che ha generato. È evidente che in entrambi i casi l'artefice pone nel testo gli elementi necessari alla costruzione della vicenda che viene narrata, e del personaggio rappresentato dall'attore, che va chiarendosi e determinandosi nel corso della performance stessa. Così se assistiamo, ad esempio, alla rappresentazione dell'Amleto, il testo di Shakespeare condurrà lo spettatore a conoscere progressivamente le caratteristiche del personaggio (e di tutti gli altri, naturalmente), e la storia di cui sarà man mano protagonista all'interno di quel *mondo* che è la vicenda di Amleto. La stessa cosa, in fondo, avviene anche quando un'opera non nasce per rappresentare filologicamente un libretto drammaturgico ma in cui, piuttosto, la narrazione viene generata dall'artefice a partire da una propria selezione/scrittura/elaborazione di elementi testuali. In ultima analisi, un testo recitato dagli attori in scena (ma anche da una voce fuori campo, o con qualsiasi altro mezzo espressivo sia utilizzabile) ha la funzione di istruire lo spettatore riguardo all'individuazione delle specifiche caratteristiche del *mondo* generato dall'artefice.

Quello che è richiesto allo spettatore per comprendere cosa sta succedendo (e parlando sempre e solo riguardo alla componente testuale, tralasciando per ora ogni altro elemento della partitura performativa) è dunque di seguire il testo e di compiere uno sforzo ermeneutico nei suoi confronti, che avrà tanto più successo quanto più lo spettatore stesso sarà culturalmente preparato per accogliere e identificare il contesto e gli elementi particolari che vi sono contenuti.[46] In altre parole: il testo *spiega* a modo suo (a modo dell'artefice, in effetti) cosa sta succedendo, la funzione intellettiva dello spettatore lo *interpreta* e, perciò, lo *capisce* (ovvero ne attribuisce un senso). Ma mentre un testo come l'Amleto ha uno svolgimento

---

[46] Una precisazione importante: la "cultura", qui intesa, non è semplice "erudizione". Non è, cioè, solo il livello di preparazione a cui si è giunti nell'apparato puramente nozionistico appreso in scuole o accademie (il quale, certo, aiuta): quello che determina la capacità dell'essere umano di giungere alla comprensione delle cose che accadono intorno a lui, tra le quali ci sono anche le opere d'arte, quanto, in definitiva, ciò che avrà saputo maturare in sé come (genericamente parlando) "lettura delle cose del mondo", che si compone di quegli elementi (ma non solo) che sono elencati nel paragrafo successivo.

per così dire "lineare" e tende a narrare, con tutte le variazioni del caso, una vicenda che si svolge in un contesto per lo più riconoscibile all'interno del patrimonio di esperienza di qualsiasi essere umano, ecco che un'opera dal contenuto testuale eterogeneo, o comunque dai contenuti maggiormente simbolici, può porre maggiori difficoltà interpretative allo spettatore. E questo per due ordini di motivi: da una parte, non essendo un tale testo necessariamente al servizio di una narrazione lineare e (più o meno) *naturalistica* della vicenda, fino al punto di potersi presentare con qualità (almeno apparentemente) astratte o surreali, esso richiede la capacità di "connettere i punti" della narrazione (cioè le varie ipotesi che se ne possono fare) senza che sia palese a priori quale figura ne risulterà, e richiede anche la pazienza di farlo probabilmente in assenza di uno sviluppo immediatamente intelligibile di cosa sta succedendo; d'altra parte, il senso di accostare proprio quei testi, che abbiamo definito eterogenei, e la *necessità* della loro presenza nella partitura, è patrimonio dell'artefice, il quale non è lì a spiegarne razionalmente i motivi (ammesso, e non concesso, che vi siano solo motivi razionali per tali scelte).[47] Tocca quindi allo spettatore compiere il lavoro intellettivo di affiancamento, decodifica e, in ultima analisi, di generazione delle ipotesi[48] che fanno sì che il testo adottato si rivesta progressivamente di senso.[49]

Si è detto che la facoltà ermeneutica è collegata alla preparazione dello spettatore. Duole farlo notare, ma è così. Un testo porta sempre con sé un apparato di segni, simboli e significati, e anche di riferimenti artistici, archetipici, sociali, ideologici, storici, umanistici, popolari, tradizionali, eccetera: la ricezione di tali elementi cognitivi, e quindi l'accesso agli stessi e la loro identificazione, potrà darsi solo in chi li conosca, quindi l'arte dello spettatore esige un essere umano che si attiva per essere, nella vita, culturalmente

---

[47] E spesso, come detto, l'artefice si rifiuta del tutto di spiegarli... o non può più farlo, se anche lo volesse, perché non più in vita.
[48] Vedi Parte 5.
[49] Senza escludere la possibilità di limitarsi a conseguire l'identificazione di un senso anche solo a certe porzioni di testo, ovvero a certi elementi della performance, ed esserne comunque soddisfatti.

vigile e curioso.[50] Il riconoscimento dei riferimenti testuali è solitamente motivo di grande soddisfazione intellettuale per lo spettatore, ma anche di possibilità di miglioramento della propria conoscenza degli stessi, nel caso fossero già noti, perché le modalità di associazione e la selezione/trasformazione dei contenuti effettuata dall'artefice, con l'inserimento degli stessi nella più ampia partitura dello spettacolo, può fornire nuove possibilità interpretative e di comprensione da parte dello spettatore. Per non parlare di quando, tramite l'opera artistica, lo spettatore perviene invece a conoscere testi, idee, prospettive finora mai sentite, praticate o anche solo immaginate, e che aprono a nuove possibilità riguardo alla propria condizione esistenziale: questo è uno dei doni più grandi dell'arte.

Ma un testo non è sempre e solo comprensione intellettuale e interpretazione cognitiva: un testo può suscitare immagini interiori spontaneamente emergenti, che possono trascinare lo stato di coscienza dello spettatore verso derive decisamente non intellettualistiche; testi al cui ascolto lo spettatore può constatare di ritrovarsi, ad esempio, commosso, felice, indignato, estasiato... e questo, certo, a motivo dei contenuti del testo in sé, ma anche in virtù di modalità espressive extra-quotidiane, magari come conseguenza di specifiche modalità nell'uso della voce da parte dell'attore, o di altre possibilità espressive messe in opera dal corpo dell'artefice. che alterano la percezione del testo stesso: si può arrivare al limite di cogliere anche solo poche parole in un testo quando fosse declamato, per fare uno degli innumerevoli casi possibili, con voce fortemente arrochita, ma sarà magari proprio quella speciale tonalità e intenzionalità nell'uso della voce a comunicarci *qualcosa* del testo a un altro *livello* di percezione.

Questo ha a che fare con l'interdipendenza delle funzioni cognitive ed extra-cognitive di cui si diceva: nel *sistema*-spettatore, che poi è il *sistema*-essere umano, ciascuna di esse ha la possibilità

---

[50] Ma nel senso attribuito a "cultura" in una nota precedente. È bene insistere: qui si parla solo degli elementi di interpretazione cognitiva. Per tutti gli altri, che verranno analizzati nelle tre parti successive di questo testo, non serve la benché minima *preparazione* culturale, essendo potenzialmente esperibili dalla natura umana in quanto tale.

di innescarne un'altra. L'artefice può favorire l'insorgere di qualità extra-cognitive per mezzo di determinate tecniche performative o di messa in scena, ma per un'arte dello spettatore ciò che è necessario è avere piena consapevolezza di queste altre qualità, che possono venire *attivate* da uno qualunque degli elementi che compongono l'opera d'arte stessa.

PARTE 7

GLI STATI D'ANIMO

Essendo partiti dal livello più immediatamente riconoscibile alla coscienza umana (che è tipicamente quello cognitivo, a causa della predominanza dell'aspetto *mentale* nell'essere umano), e volendo procedere verso i livelli meno facili da identificare dell'esperienza umana nel suo complesso, il passo successivo riguarda le qualità emotive, o stati d'animo, le quali sono di norma assai evidenti nella loro manifestazione,[51] ma iniziano a non essere più facilmente *spiegabili* dal raziocinio come può esserlo, riguardo alla vicenda narrata nella performance, la comprensione intellettuale di "cosa succede in quella determinata situazione" o "che personaggio è quello", e così via. In altre parole, la piena *tonalità* di un'emozione non è comunicabile concettualmente: la si può solo nominare confidando che l'interlocutore ne abbia fatto altrettanta esperienza da sapere più o meno di cosa si sta parlando.[52]

Questo accade perché uno stato d'animo appartiene decisamente a una dimensione extra-cognitiva, dove il ragionarci sopra conta poco: certo, un'emozione può essere generata anche da un pensiero, spesso accade, ma è certamente qualcos'altro da esso.[53]

---

[51] Anche se spesso non ci accorgiamo del processo vero e proprio della loro emersione... un'emozione (stato d'animo) la *troviamo*, per così dire, già formata nella nostra sfera di coscienza... ed è solo allora che ce ne accorgiamo.

[52] Questo aspetto di sostanziale incomunicabilità di alcuni moti interiori dell'essere umano sarà portato al suo limite estremo quando affronteremo il tema della facoltà intuitiva nella Parte 9.

[53] Su questo equivoco identitario tra pensiero della mente e stato d'animo si gioca purtroppo molta della instabilità emotiva dell'essere umano.

È evidente infatti che un'emozione insorge piuttosto come reazione conseguente a una *immagine* con cui si instaura una relazione. Che si tratti di una figurazione astratta, di un ricordo, di una proiezione futura o di un'immagine che si coglie come *sovrapposta* al momento presente, che per questo si comincia a percepire in modi peculiari e personali (motivo per cui la stessa immagine oggettiva non genera la medesima tonalità emotiva in ogni persona), un'emozione sorge sempre in riferimento a un'immagine. In effetti, a ben vedere, anche un'emozione che sorga per ragioni di ordine etico o morale scaturisce dalla reazione individuale nel confronto tra una *immagine-modello* che si dà per acquisita e l'*immagine-contingente* del qui e ora che entra nel proprio campo di coscienza.

Avendo affermato[54] che la ricezione di un'opera d'arte avviene sempre per immagini, risulta evidente la conseguenza per cui la creazione artistica costituisce un veicolo potentissimo per la generazione di stati d'animo. Non entreremo qui in un'analisi dei meccanismi specifici dell'arte tramite i quali questo avviene (anche se ci occorrerà di citarne alcuni): tali tecniche ovviamente interessano molto l'artefice, e ne costituiscono parte della sua maestria, ma qui restiamo con l'idea di un'opera d'arte ideale, che contiene senza dubbio questi meccanismi che favoriscono la generazione di stati d'animo, ovvero che favoriscono la generazione di immagini potenti con le quali entrare in relazione, sempre con la riserva riguardo al fatto che esistono tante reazioni interiori a una situazione o a un'immagine quanti sono gli esseri umani. Il problema di uno spettatore consapevole, perciò, è innanzitutto di avere coscienza di cosa sia un'emozione, in modo da saperla collocare appropriatamente nello squadernarsi di ciò che viene percepito nell'ambito della propria sfera di coscienza durante l'incontro con l'opera d'arte. Per evitare fraintendimenti, è importante ribadire ancora una volta che, dovendone in qualche modo parlare, non vi è altra possibilità, per cercare di capirsi, che concettualizzare questi processi, ma l'arte dello spettatore richiede che, a un certo punto, l'ipertrofia del raziocinio mentale venga finalmente ridimensionata, e l'esperienza si formi con la giusta proporzione di aspetti

---

[54] Vedi Parte 2.

cognitivi ed extra-cognitivi, ciascuno *colto* pienamente nel proprio ambito, senza confusioni.

La cosa più importante da afferrare e che un'emozione fa parte, come il pensiero, di qualcosa che muta e che non è perciò permanente, ed è un movimento situato nella sfera delle energie sottili che si attivano nell'essere umano nel dominio della psiche. Uno stato d'animo non è riconoscibile né come pensiero razionale né come alterazione fisica del corpo, la quale semmai procede da esso,[55] ma ha comunque spesso un grado di *potenza* percettiva più intenso di pensieri e azioni (o riflessi). Si può ben dire che a volte un essere umano si lascia *guidare* dalle emozioni, ovvero concede ad esse una priorità tale da farle diventare fondamentali nei propri processi decisionali: spiace dire che, in casi del genere, vi è ben poca consapevolezza e, anzi, un alto livello di *automatismo*. Per i fini che ci proponiamo qui, basti notare e prendere coscienza della natura degli stati d'animo e del loro posto nella gerarchia dei vari gradi di coscienza: l'emozione è potente, è inspiegabile, è coinvolgente, e ha perciò un forte potere di distrazione della propria attenzione, ovvero della propria percezione globale dell'esperienza in corso. Un sentimento di commozione può essere molto consolatorio, l'indignazione può disporre a un atteggiamento rabbioso e critico, il divertimento può impedire di cogliere aspetti di profondità nell'opera:[56] di un tenore o dell'altro, l'emozione ci può sequestrare dalla consapevolezza del momento attuale, privandoci della lucidità necessaria per comprendere fino in fondo un'opera d'arte (o qualunque situazione nel qui e ora, in effetti).

Ma le emozioni sono anche, per così dire, il *sale* dell'arte: senza di esse, l'arte ha poco *sapore* e può correre il rischio di confinarsi nel puro intellettualismo. È quindi un privilegio dello spettatore consapevole sperimentarne l'emersione, starci *dentro*,

---

[55] Quando questi accadano insieme all'emersione di uno stato d'animo, è perché si tratta di associazioni indistricabili del *sistema*-essere umano. Bisognerebbe comunque sempre discriminare riguardo all'ordine di insorgenza di questi elementi, perché la percepita simultaneità di questi stati – mentale, emotivo e fisico – è spesso solo apparente, e un'indagine più *affilata* ne mostrerebbe l'effettiva separazione e sequenzialità.

[56] E questo, sia detto per inciso, è la "condanna" dei comici...

viverle come parte dell'esperienza stessa del suo essere spettatore e testimone, senza però farsene distrarre così tanto da dimenticare gli altri aspetti. E poiché tale emersione avverrà in modo strettamente individuale, magari in presenza di elementi che ad altri spettatori compresenti non dicono nulla (perché comunque sempre in relazione a esperienza e conoscenza di ciascun individuo), ecco un breve elenco, ancora una volta scendendo pure in certi dettagli particolari, che può essere utile allo spettatore consapevole riguardo al processo di generazione ed emersione degli stati d'animo:

a. Non aspettarsi nulla dalla performance: accostarsi al suo inizio con il minimo possibile di anticipazioni o, peggio ancora (e i meccanismi che lavorano ai margini della coscienza a volte sono subdoli), con pre-condizioni interiori che vogliamo vedere o non vedere realizzate nella performance.

b. Accorgersi della misura in cui la propria mente è impegnata nel cercare di "capire" la situazione, il testo, i personaggi e, allo stesso tempo, cercare di *aprire* lo sguardo alle immagini che vengono prodotte nell'opera: provare, a volte, a guardare quello che succede... e *basta*.

c. Aprirsi alla ricezione di ciò che sta avvenendo, notare come il flusso di immagini provenienti dall'opera sta muovendo, internamente a sé stessi, qualcosa di non mentale. Se si nota questa presenza... guardare *meglio*, ovvero con più acutezza, o con maggiore concentrazione, magari su un dettaglio che, per motivi già evidenti o ancora incompresi, ci chiama a sé. Nel compiere questo processo, cercare di non perdere mai di vista, con sguardo periferico, l'insieme della performance altrimenti quell'evento negativo che abbiamo descritto come "sequestro dell'attenzione" finirebbe per verificarsi paradossalmente proprio nel momento in cui ci si sta sforzando di acuirla.

d. L'ideale sarebbe di percepire l'emersione progressiva di un'emozione, ma è molto difficile: il più delle volte, quando ce ne si accorge, è già lì. È possibile però, una volta riconosciuta, provare a interpellare questo stato d'animo, ovvero a *calarsi* per quanto possibile in esso. Attenzione: interpellare un'emozione non significa "pensarla" e, quindi, analizzarla. È piuttosto uno *stare* con essa, bilanciandone la spinta dispotica (è nella natura dell'emozione voler prendere il controllo di

56

tutta l'attenzione, come detto), senza per questo sopraffarla e spegnerla: andrà via da sé a tempo debito, così com'è arrivata, essendo la sua natura puro movimento. Il che, in termini pratici, vuol anche banalmente dire: quando viene da ridere, è giusto ridere; quando viene da piangere, è giusto piangere.

e. Ultimo, ma non ultimo... terminato l'evento, ripercorrere e ricordarsi delle emozioni sperimentate durante la performance e in quali situazioni (cioè, in relazione a che cosa). Uno spettatore consapevole avrà l'attenzione di annotarsi nella memoria certi passaggi significativi della performance ma, mentre la parte concettuale è più facilmente recuperabile posteriormente all'evento performativo (rileggendone il testo, ad esempio), il flusso delle emozioni dipende da vari elementi espressivi, e/o tecniche messe in atto dall'artefice, che si verificano unicamente nel tempo della performance. Avere una memoria, almeno a grandi linee, di ciò di cui si è fatto esperienza, trattenendo in sé quelle specifiche immagini (esteriori o suscitate interiormente, per associazione) che hanno fatto scaturire quei particolari stati d'animo aiuterà a rileggere l'opera, più o meno consciamente, e a prolungarne gli effetti nel tempo.[57]

Prima di concludere questa sezione sugli stati d'animo, è bene affrontarne uno finora mai menzionato, ma che ha ampie probabilità di verificarsi, prima o poi, in uno spettatore: la noia. Necessariamente, non tutto ci interpella e non tutto è pertinente o stimolante, in relazione al proprio stato di coscienza. L'incontro tra l'opera e lo spettatore può essere fallace, e poco importa stabilire a causa di chi o di che cosa. In questi casi, comunque, il risultato netto è che lo spettatore, per quanto cerchi di affinare l'attenzione sull'opera, proprio non riesce a entrare in una relazione di interesse attivo con quanto accade nella performance. Come in un ingranaggio che si rompe, le due parti che dovrebbero restare agganciate, performance e spettatore, si separano e *girano* ciascuna per i fatti suoi, e lo spettatore inizia la discesa in ciò a cui probabilmente darà

---

[57] Ci si riferisce qui a una prima visione: chiaramente assistendo a delle repliche la memoria degli eventi osservati nella performance potrà fissarsi meglio. Bisognerebbe sempre fare il possibile per rivedere, anche più volte, le opere che sappiamo averci *colpito* perché, se così accade, vuol dire che esse contengono qualcosa che ci interpella e, quindi, che ci riguarda.

il nome di *noia*. Ciò che scivola via per prima dall'attenzione del qui e ora è la mente, nella quale si innesca un processo giudicante (in questo caso, necessariamente negativo) e, quindi, il desiderio di evadere, allontanarsi dalla situazione spiacevole: non potendolo fare fisicamente, salvo rari eccessi d'insopportazione che possono spingere fino ad alzarsi e abbandonare lo spazio della performance, la mente si accontenterà di divagare, il più delle volte richiamando pensieri quotidiani o, alla peggio, ossessivi.

Ma ecco una possibile via d'uscita da questa condizione, quando il recupero di una relazione ricettiva con i contenuti dell'opera non sia più percorribile:[58] per prima cosa, naturalmente, è necessario rendersi conto del proprio livello di noia e, soprattutto, di quanto i pensieri quotidiani stiano invadendo il proprio spazio mentale e di coscienza. Se ci si accorge che questa condizione è in corso, con un atto di deliberata volontà lo spettatore potrà volgere nuovamente la propria attenzione alla performance ma, in questo caso, mutando la propria attitudine, per quanto possibile, da ricettiva a creativa: ovvero, in termini concreti, potrà osservare quanto accade in scena *come se* fosse lui l'artefice che sta ancora lavorando a un abbozzo dell'opera, e quindi immaginando soluzioni alternative a ciò che sta vedendo e sviluppando associazioni totalmente proprie, senza curarsi della loro coerenza all'interno dello spettacolo rappresentato (ma certamente anche confermando ciò che gli sembra già ben collocato), in modo da generare nella sua mente un proprio *mondo* a partire dagli elementi dati, a questo punto indifferente a una ricerca di senso che sia coerente con le intenzioni dell'artefice. Da questo diverso *stato* di coscienza, lo spettatore potrà forse trovare elementi di interesse rinnovati, e scacciare così la noia. Perché, in definitiva, possiamo dire quanto segue: esistono solo tre modalità esperienziali dell'arte, ma in fondo anche della vita: quella creativa, quella ricettiva e quella... annoiata.[59] Delle tre, l'unica che non vale mai in nessun caso la pena di esperire è quest'ultima.

---

[58] Magari anche per validi motivi, nel caso in cui l'artefice non sia effettivamente stato all'altezza del proprio compito.
[59] Vale a dire: addormentata, automatica, inconsapevole...

PARTE 8

IL CORPO

Veniamo ora alla terza funzione menzionata nella Parte 4, quella relativa al corpo. Se un pensiero è facilissimo da riconoscere e, soprattutto, estremamente presente nel proprio campo di attenzione (anzi, è uno degli elementi più difficili da tenere a bada), e se i movimenti emotivi sono dotati di una potenza sufficiente ad essere riconosciuti esercitando un minimo di consapevolezza, ciò che percorre il corpo fisico nel momento dell'incontro con un'opera d'arte è molto più sotterraneo e misconosciuto. Stiamo facendo riferimento alla parte prettamente grossolana del corpo: apparato scheletrico, muscolare, nervoso, limbico e connettivo, nonché l'insieme di tutti gli organi. È bene precisarlo perché, ancora una volta, bisogna evidenziare una certa difficoltà nell'identificare la giusta collocazione dei fenomeni nel *sistema*-essere umano, ed è facile scambiare tra loro effetti mentali, emotivi e fisici. Certo, tutto nell'essere umano è collegato, l'abbiamo già notato: un pensiero influenza uno stato d'animo, il quale può anche determinare un effetto nel corpo (in realtà, possiamo dire che lo determina sempre). Avere le lacrime agli occhi è un fenomeno del corpo grossolano, che è quasi certamente provocato da uno stato d'animo derivante dalla reazione a un determinato pensiero-immagine ma, ed è esperienza largamente comune, a volte ci si ritrova a sperimentare un atto fisico del corpo senza esserci accorti del suo inizio, né del motivo per cui tale atto è intervenuto.[60]

---

[60] Un esempio, tra i più comuni: essere seduti e, d'improvviso, accorgersi che una gamba si sta muovendo ritmicamente già da un po', in su e in giù, senza che si abbia dato avvio al movimento con un atto di volontà. Un esempio di

59

La funzione del corpo è quella di supportare l'evento *vita*[61] e, a pensarci bene, esso svilupperebbe la propria funzione lasciandoci completamente ignari del suo stato, anche in virtù dei meccanismi fisiologici essenziali che si svolgono in automatico.[62] Infatti, mentre usiamo in modo quasi inconsapevole il corpo per svolgere le funzioni quotidiane, ci accorgiamo veramente di esso solo quando qualcosa non funziona correttamente, a partire, per menzionare il più elementare, dal fenomeno della fame, che di fatto segnala lo sbilanciamento di un equilibrio, e che di solito si presenta con molta determinazione alla coscienza dell'individuo. Un corpo in stato di equilibrio si nasconde volentieri allo stato di coscienza dell'essere umano, fino ad essergli completamente obliato: per fare un esempio in positivo, il meditante sfrutta al meglio questa possibilità per ridurre le variabili che lo possano distogliere dall'attenzione che pone alla sua pratica. Se consideriamo uno spettatore, egli durante la performance fa un po' come il meditante, che ne abbia o meno l'attitudine: questo perché la prima regola *sociale* di uno spettatore durante una performance è "non disturbare gli altri". A causa di questa regola comune tra spettatori in ambito performativo, che ha ovviamente anche motivi di necessità contingente (o sarebbe il caos), lo spettatore, che se ne accorga o meno, tende a *spegnere* il corpo, sia praticando per quanto possibile l'immobilità, sia disponendosi a dimenticarlo per la durata della performance. Questo però è possibile solo fino a un certo punto, anche in presenza di un deciso atto di volontà, per due ordini di motivi.

Il primo è che il corpo si ribella: mai nell'esperienza quotidiana lo portiamo all'immobilità prolungata,[63] e le *energie*[64] che lo percorrono incessantemente non accettano tanto di buon grado di

---

tipo opposto: l'immobilità innaturale del corpo quando ci si *incanta* a guardare qualcosa senza che lo si sia deciso intenzionalmente.

[61] Riguardo al quale ci sarebbe molto da dire, ma non è questo il luogo giusto per farlo.

[62] Ovvero, a cui l'essere umano non deve pensare perché si attivino: vedi la differenza tra il processo digestivo e la necessità di spostare una sedia.

[63] Escludiamo per ora il caso dei meditanti sopra menzionati, che si trovano comunque, durante la loro pratica, in uno stato non propriamente *quotidiano*.

[64] Termine lasciato volutamente generico, perché il tema della definizione di che cos'è *energia* in questo contesto aprirebbe a considerazioni molto vaste.

placarsi. Tipiche manifestazioni di ribellione del corpo costretto all'immobilità sono il prurito, la tosse, i formicolii nei posti più scomodi, eccetera. Senza contare che l'artefice della messa in scena (o l'architetto della platea teatrale) potrebbe aver mal giudicato, o essere stato costretto a ignorare a causa di limitazioni oggettive, alcune misure di comfort che renderebbero meno problematica la gestione del corpo da parte dello spettatore. Purtroppo il dominio del proprio corpo in situazioni di scomodità è una questione personale, e ognuno deve trovare le proprie soluzioni nell'ottica, ancora una volta, di non consentire all'attenzione, che andrebbe rivolta alla performance, di farsi *portar via* dalla costante preoccupazione riguardo alle condizioni in cui si trova il corpo.

Ma c'è un secondo ordine di motivi nell'impossibilità di un completo *spegnimento* del corpo mentre si assiste a una performance, che sono molto più interessanti da conoscere e sperimentare. Per comprenderli bisogna fare un passo indietro, al momento in cui il performer costruisce la sua partitura drammaturgica, in collaborazione con il regista. Uno dei princìpi cardine dell'atto performativo è che esso differisce dall'atto quotidiano per l'immissione di un *surplus* di energia, concetto reso ancora meglio dall'espressione "spreco di energia". Il caso più semplice per illustrarlo è questo: se per dialogare con una persona a un metro da noi ci basta parlare con voce normale, due performer a un metro di distanza in scena, in un contesto di teatro all'italiana (quindi magari con ampia platea di spettatori, alcuni dei quali anche significativamente lontani dal palco), dovranno alzare maggiormente la voce per far sentire a tutti il loro dialogo facendo lavorare i risuonatori interni, per variare la timbrica, e i muscoli della laringe, nonché il diaframma, per aumentare l'emissione di aria e ottenere così di "portare la voce" più lontano. E questo è possibile farlo solo *bruciando* più energia rispetto a una normale emissione vocale in un contesto quotidiano. Se questo è vero per un semplice dialogo, immaginiamo quello che può succedere quando il performer applica il principio del *surplus* di energia all'intero corpo: questo è facilmente osservabile nella danza, specie in quella meno codificata da una modalità *classica*, dove il corpo del performer si esprime di norma in movimenti spaziali assolutamente non quotidiani e che, perciò, attivano (e *sprecano*) molta energia. Nel teatro di ricerca, il performer può applicare il principio del *surplus* di energia a ogni modalità espressiva del corpo-voce, nei diversi momenti e tonalità della partitura. Si può dire che il performer in scena ha precisamente il compito di non spegnere *mai* il proprio corpo, e di tenerlo invece sempre in una condizione di *vibrazione* più o meno evidente, a maggiore o minore intensità a seconda del momento della partitura che sta eseguendo.[65]

Ma come udiamo un suono perché il movimento originato dal dispositivo che lo ha emesso attraversa l'aria e riproduce un analogo movimento nel nostro orecchio, così è vero per qualsiasi qualità vibratoria. Questo movimento è *energia*, e il risultato netto, esperienziale, dell'attivazione energetica di *qualcosa* è che anche il ricevente entra in un analogo[66] stato vibratorio: è la manifestazione nello stato grossolano della *risonanza* a cui si è accennato più volte.[67] Per fare degli esempi: a seguito di un trasferimento di energia dalle mani o dal respiro del musicista, uno strumento musicale emetterà vibrazioni percepibili all'orecchio; oppure, l'energia sviluppata dall'accensione di un fuoco diventerà vibrazioni percepibili all'occhio (luce) e alla pelle (calore), eccetera... Dunque, quale *organo* di senso potrà percepire la vibrazione energetica generata dall'intero corpo del performer? La risposta, sperimentale non teorica, è: l'intero corpo stesso dello spettatore. Questo principio è della medesima natura dell'attivazione dei risuonatori armonici in uno strumento musicale, o in una cassa di risonanza. Tale strumento/cassa di risonanza, nel nostro caso, è il corpo dello spettatore: è la sua stessa fisicità, l'essere in uno stato materico concreto, e in compresenza con un corrispondente stato presente nel performer, che è alla base di questa possibilità. Se precedentemente abbiamo considerato stati sottili come il pensiero o i flussi emotivi, molto più *fluidi* del corpo grossolano e perciò tra i primi il cui movimento (*scorrimento*) viene percepito, pure il corpo partecipa in

---

[65] Questo principio, per l'attore che lo vuole adottare, comporta di tenere "in vibrazione" il corpo anche nei momenti di stasi o di immobilità – e addirittura quando, nello sviluppo della messa in scena, l'attore debba magari trovarsi dietro le quinte o comunque non visibile al pubblico – cosa che pone non pochi problemi all'attore stesso.
[66] Facendo attenzione al fatto che *analogo* non vuol dire *identico*.
[67] Vedi Parte 1.

realtà di tale movimento. Ed è interessante osservare, dal punto di vista di una maggiore consapevolezza dell'esperienza, che sono in azione due *qualità* diverse nell'attivazione del corpo del performer, da una parte, e dello spettatore, dall'altra: nel performer il corpo si muove sempre (o così dovrebbe avvenire) in modo intenzionale, perché egli ne ha costruito (con il regista) una struttura ripetibile che veicola nomi e forme (*nāma-rūpa*) precisi, invece nello spettatore questa attivazione è un *riflesso*, ovvero è una ricezione-risposta a uno stimolo costituito dagli elementi del sistema corpo-voce attivati dal performer in sé stesso.[68]

In altri termini, e per vie in qualche modo misteriose, spiegabili finché si vuole dalla fisiologia in termini di *cinestesia* ma ontologicamente segrete, il corpo "sa" sempre cosa succede intorno a lui, ovvero ha una percezione dello spazio innata (come quando, ad esempio, guidiamo un'automobile e non abbiamo bisogno di vedere con gli occhi i nostri piedi per trovare i pedali), di cui possiamo essere del tutto non coscienti ma che può essere allenata. Così, se uno squilibrio o una disproporzione avvengono nello spazio intorno al corpo dello spettatore durante una performance, se ad esempio un attore si inclina di lato, il corpo dello spettatore *legge* istintivamente quella posizione, la pone in relazione con lo spazio e con la propria posizione e in qualche modo, anche minimo, *reagisce*. E tale reattività del corpo è ovviamente potenziata dall'eventuale prossimità spaziale del performer con lo spettatore, in quanto l'energia che lo investe ha un'intensità maggiore per la minore dispersione della stessa nello spazio (proprio come accade per la portata di un'emissione sonora), condizione che viene utilizzata, e perciò pienamente sfruttata, nelle modalità di messa in scena in cui attori e spettatori occupano lo stesso spazio scenico. Questa reazione, per il fatto di essere istintivamente presente nel corpo materico, è perciò *precedente* a qualsiasi razionalizzazione che se ne possa fare o emersione di uno stato d'animo (di cui in

---

[68] E sarebbe molto interessante addentrarsi nella questione di come questa qualità di risposta di *riflesso* sia in parte vera anche per l'attore che sta eseguendo l'azione stessa, nel momento in cui agisca sulla base di una sequenza di associazioni-ricordi i cui *impulsi* diventino la base per reagire ad essi, all'interno della struttura della partitura.

certi casi può anche esserne la causa scatenante). Solo che, in un contesto performativo, essa è anche di ampiezza solitamente molto piccola, salvo eccezioni che pure possono accadere, perché l'inerzia della massa corporea è enormemente maggiore di ciò che, come il suono, si propaga nell'aria, e pertanto più difficile da identificare.[69] Ma poiché queste *risonanze* corporee avvengono comunque, anche a dispetto di una nostra eventuale attitudine di indifferenza, uno spettatore attento dovrebbe educarsi a riconoscerle e renderle percepibili al proprio stato di coscienza, in quanto costituiscono una parte altrettanto essenziale dell'esperienza, in una partecipazione attivamente ricettiva di un evento performativo.[70]

---

[69] Un esempio di reazione del corpo che precede la sua formulazione cognitiva ma, invece, di ampiezza sufficiente per essere ben visibile, è quello in cui ci si scotti: l'impulso istintivo di allontanamento dalla superfice calda è immediato e intenso... e solo un attimo dopo arriva il pensiero che capisce cos'è successo e dice: "mi sono scottato".

[70] E queste considerazioni valgono anche, a forse a maggior ragione, per un evento musicale concertistico.

PARTE 9

LA CONOSCENZA INTUITIVA

È tempo di considerare l'ultima tra le facoltà, elencate nella Parte 4, che si attivano nello spettatore di un'opera d'arte, ovvero quella intuitiva. L'insorgenza di questa risposta, che ha in effetti la qualità e l'importanza di un vero e proprio *evento* interiore, è difficile da identificare se non si conosce la sua natura: il più delle volte l'equivoco è di ritenerla un'emozione come le altre, solo un po' più intensa. In effetti, sempre per quanto affermato sopra, e cioè che l'essere umano è un *sistema* in cui ogni componente si influenza in modo interdipendente, l'accensione di un fenomeno intuitivo può riverberare in ciascuno degli ambiti analizzati finora: può appunto alterare in modo significativo anche lo stato d'animo, può presentarsi sotto forma di una razionalizzazione (pensiero o immagine) che riconosciamo come "mai osservata prima", ma può anche scendere dai livelli sottili a quelli grossolani fino a scuotere il corpo, provocandone una reazione fisica, evidente o nascosta.

Per allenarsi a distinguere e riconoscere un evento intuitivo da quelli di altra natura, occorre prima di tutto stabilire cosa sia una *intuizione*. Il modo più essenziale di definire una intuizione è questo: *la comprensione immediata e definitiva di qualcosa*. L'utilizzato del termine generico "qualcosa" è per indicare che non esistono solo intuizioni "grandi" e potenti: l'esperienza di avere una intuizione è in realtà un evento comune, che capita più volte di quante ci accorgiamo, anche per questioni semplici. Vero è che, in certi passaggi della vita e in certe occasioni di incontro con istanze particolari, che sono specifiche per ognuno in accordo alla natura e allo stato di coscienza di ciascun essere umano, ecco che può avvenire un evento intuitivo di magnitudine assai maggiore, tanto da essere pienamente riconosciuto come tale.

Il problema vero, a seguito di un evento di pura intuizione, è il vizio, frutto della specifica (e inevitabile) natura della mente umana, di rimetterlo in dubbio, o persino di negarlo. Invece, un'intuizione è un fatto reale e concreto che non può più essere soggetto a indagine cognitiva: quello che si può (e in un certo senso si deve) fare è di indagarne semmai le conseguenze, che possono essere anche molto ramificate. L'essenza di una intuizione è infatti quella di fornire una comprensione, come si è detto, immediata e definitiva. Cosa vuol dire? L'immediatezza presuppone appunto una mancanza di mediazione: tutto ciò che "media" interpone una *distanza* (comunque la si voglia identificare) tra l'oggetto della comprensione e il soggetto che comprende. Se una comprensione è immediata, non vi è più alcuna distanza da colmare, il che, in altre parole, significa che si è verificata una perfetta sovrapposizione tra i due, ovvero vi è una identità: il soggetto conosce l'oggetto identificandosi con esso e quindi, per così dire, *diventando* esso stesso.[71]

È per questo motivo che tale conoscenza è *definitiva*, e non può essere ulteriormente soggetta al dubbio: è la coscienza stessa dell'essere umano che, da questa sua acquisita condizione, conosce (ovvero: "sa"), e non solamente in base a un ragionamento o per l'azione di un proprio istinto automatico. Solo che, e qui sta il problema di cui si diceva prima, l'essere umano non è abituato a "stare con" l'intuizione: essendosi più che altro identificato con l'io soggettivo che "pensa" dentro la mente (*Cogito ergo sum*), l'essere umano tende sempre a portare la propria conoscenza intuitiva all'esame del raziocinio. Ma i due ambiti (o, meglio ancora, i due *domini*) non sono affatto congruenti, non appartengono alla stessa natura e non possono perciò essere messi in relazione analitica tra loro. Vi è anzi una superiorità (nel senso di rilevanza, priorità) ontologica nella conoscenza intuitiva rispetto alle possibilità di indagine della mente, la quale è fondamentalmente limitata nelle sue analisi dall'identificazione con le esperienze di tipo sensibile,

---

[71] Chiaramente questa è una identità in *essenza*, non in apparenza o comunque negli aspetti grossolani della manifestazione.

ovvero fenomeniche, laddove l'evento intuitivo può invece trascenderle del tutto. Per non dire della fallibilità, ancora più marcata, degli stati d'animo nel pervenire a istanze di reale conoscenza, proprio a causa della mobilità costante di questi, che non permettono di fissare alcunché, mentre conoscere veramente significa permanere nella stabilità (equilibrio) di ciò che davvero si conosce. Ed è per questo che un genuino evento intuitivo non si può affatto *raccontare*: si sa che in noi "qualcosa c'è",[72] qualcosa è accaduto ed è stato compreso nella sua essenza, ma provare a dirlo significa razionalizzarlo, e razionalizzarlo significa comunque perderne un "pezzo"… quel pezzo che è puramente esperienziale e che fa parte dell'intimo dell'essere, ed è perciò veramente incomunicabile. Se ne può fare un tentativo per mezzo di narrazioni metaforiche o poetiche, ed è ciò che tenta di fare l'artefice con le proprie intuizioni traferite nell'opera,[73] sperando che l'interlocutore (ri)conosca a sua volta quella stessa cosa per sua esperienza personale e, perciò, ci si possa in qualche modo intendere. Oppure, e sarebbe con ciò il compimento della funzione dell'artefice, che tale intuizione si verifichi nello spettatore proprio a seguito dell'incontro con l'opera. Si tratta, di fatto, di ciò che nella filosofia del teatro classico veniva chiamata *catarsi*, la cui etimologia ha il significato di *purificazione*, che è appunto purificazione da quel pensiero discorsivo che alimenta il dubbio, per transitare piuttosto verso l'accensione della facoltà intuitiva. Non che l'esercizio del dubbio non abbia una sua valenza e fondamentale importanza nel processo di sviluppo dell'individuo, anzi! Ma qui si intende specificatamente quel modo di dubitare che contamina, e quindi ne mina l'efficacia, la chiara visione *a-concettuale* di una pura e semplice intuizione.

L'arrivo di una intuizione nell'atto di assistere a un'opera d'arte, come si potrà immaginare da quanto precede, non è prevedibile: l'atto è fulmineo, personale, e dipende da un innesco imperscrutabile che risiede in ciascuna persona, nel proprio percorso e,

---

[72] Proprio come dice, nel tentare di dare conto di una propria profonda intuizione, il personaggio della marionetta-che-interpreta-Otello nel significativo cortometraggio di Pier Paolo Pasolini, "Che cosa sono le nuvole?" (1968).

[73] E l'artefice può (tentare di) fare ciò, precisamente perché l'unico linguaggio tramite il quale un'intuizione può essere espressa è quello poetico, ovvero della *poiesis*, cioè della creatività.

di conseguenza, nel proprio stato di coscienza. L'intuizione non è mai il risultato di uno sforzo della volontà, per quanto intensamente la si voglia esercitare, e ha semmai più le caratteristiche di un dono. Così, se l'artefice dell'opera, in base alla sua esperienza e al livello del proprio mestiere, può avere un'idea di quali elementi della sua opera possono generare riscontri di tipo intellettuale, emotivo o fisico negli spettatori, nessuno può davvero esercitare il minimo controllo riguardo al verificarsi di eventi intuitivi.[74] Quello che può fare l'artefice, se ne ha la sensibilità e l'interesse, è di lavorare su sé stesso per realizzare nel proprio essere una tensione verso contenuti e modalità di connessione che tendano verso le istanze più alte che possa concepire, istanze che indaghino la natura dell'essere umano e della manifestazione in cui è immerso, affinché anche la sua opera ne sia informata, e ne diventi il veicolo.[75] L'opera d'arte, in virtù di questa possibilità e grazie alle modalità operative di lettura, trasformazione, ricombinazione e mimesi della (cosiddetta) realtà, è uno strumento potente e previlegiato per il verificarsi di eventi intuitivi durante la sua fruizione.

Poco d'altro si può dire riguardo al tema della conoscenza intuitiva, in questo contesto, allo spettatore che voglia sviluppare la propria arte: cosa sia una intuizione e come riconoscerne il suo accendersi e deflagrare nel proprio stato di coscienza, è un lavoro che ciascuno deve fare da sé. Con un piccolo ultimo indizio da parte nostra: un'intuizione genuina è sempre un evento lieto e positivo; se anche possa portare per un poco alle lacrime a causa della potenza del suo disvelamento, riconoscere che, infine, si è compreso qualcosa di ineludibile, se non lo si *contamina* nuovamente con qualche pensiero ossessivo e limitante, è sempre e necessariamente una fonte di gioia.

---

[74] Inciso: in qualsiasi momento della preparazione ed esecuzione dell'opera, tali eventi hanno certamente la possibilità di verificarsi anche nell'artefice della stessa e, anche in questo caso, al di là della sua capacità di prevederli.

[75] E questo, a scanso di attribuzioni forzate, senza dover per forza andare nel metafisico. Per fare un esempio tra i tanti possibili: una perizia nella trattazione artistica di temi sociali (perizia nel senso di capacità di penetrare nel vero centro del problema, in relazione all'essere umano colto nella sua identità sociale), può indurre genuine intuizioni specifiche di quell'ambito.

PARTE 10

QUESTIONI PRATICHE

Da quanto precede dovrebbe emergere che l'arte dello spettatore può diventare una disciplina dalle molte possibilità, anche complesse nel loro sviluppo e nelle conseguenze. Se molte delle considerazioni che precedono sono state trattate in modo teorico, si rende ora necessario calarsi un poco in questioni concrete, peraltro già in qualche misura esaminate nella Parte 5. Non potendo qui approfondire uno per uno in modo sistematico tutti i molteplici aspetti che entrano in gioco in un'opera d'arte performativa, la maggior parte dei quali può essere accessibile alla fruizione e all'indagine dello spettatore attento,[76] accenneremo qui a qualcuno di essi a "grandi linee", con l'intento di dare qualche indicazione riguardo a cosa guardare/ascoltare in un'opera performativa, e *dove*. Quanto segue è diretto a ricapitolare e a riassumere i temi principali espressi finora nelle parti precedenti, e prende come paradigma fondamentale per lo sviluppo dell'arte dello spettatore la modalità di evento teatrale basato sulla condivisione dello spazio tra attori e spettatori che determini una prossimità significativa tra le due parti, tale per cui lo spettatore possa discernere con chiarezza non solo le azioni macroscopiche del performer, ma anche dettagli minuti come, ad esempio, l'alzata di un sopracciglio e, a livello sonoro, sia in grado di cogliere anche un semplice sussurro. L'opera, come già detto più volte, sarà considerata ideale, ovvero perfetta nell'ideazione e attuazione, da parte dell'artefice, di ogni

---

[76] Ma abbiamo già menzionato anche l'esistenza di aspetti imperscrutabili allo spettatore in relazione al lavoro dell'artefice quali, ad esempio, il flusso delle sue intenzioni e associazioni interiori.

sua componente. Assumiamo poi che lo spettatore non abbia mai visto la performance e che non ne sappia nulla quanto a contenuti.

È stato già trattato per esteso, nella Parte 5, come l'esperienza della partecipazione a un evento performativo possa iniziare anche prima dell'evento stesso, nel suo *andare verso* tale incontro, sia fisicamente che come progressiva immersione in uno stato interiore atto alla ricezione dell'opera stessa, esprimendo e vivendo perciò in pieno quella intenzione di muovere verso l'incontro con l'opera da parte dello spettatore, di cui abbiamo detto nella Parte 1. Vi è dunque tutto questo possibile lavoro da fare[77] che precede l'inizio dell'opera, e con questo siamo arrivati al momento in cui ogni spettatore ha preso posto, le luci si sono spente e si è fatto silenzio. Non tutti gli spettacoli iniziano così, ovviamente, ma nel considerare un'opera ideale, la quale simboleggia l'emersione di un mondo *ex novo*, l'uscita di esso da una condizione di tenebra e di silenzio appare come una tra le più appropriate. Un'altra situazione interessante, che altera in qualche modo la metafora del mondo *ex novo* è l'ingresso del pubblico in uno spazio in cui sia già pienamente visibile la struttura scenica, magari con uno o più attori già presenti nello spazio (e così la metafora diventa per lo spettatore l'ingresso in un mondo già manifestato e in attesa del suo arrivo): in questo caso, lo spettatore può utilizzare il tempo necessario alla sistemazione di tutti per osservare attentamente ogni cosa che sia posta in vista. È preferibile invece evitare di speculare su ciò che sia ancora eventualmente nascosto (ad esempio, può esserci un paravento o comunque una struttura che abbia una funzione di *quinta* o di sipario), perché bisognerebbe rispettare, almeno all'inizio, la volontà da parte dell'artefice, di esporre alla vista precisamente ciò che ha voluto fosse visibile. Non c'è niente di *furbo* nello speculare su cosa potrà accadere in seguito: uno dei principi cardine di un atto di consapevolezza è quello di stare nel momento presente, e l'osservazione e l'indagine di ciò che si vede può bastare a occupare tutto il tempo necessario allo spettacolo per avere il suo inizio.[78]

---

[77] Vedi, appunto, la Parte 5.
[78] Nel senso della messa in moto della narrazione in scena: se c'è qualcosa in vista, l'artefice ha già fatto iniziare la performance, per definizione.

Dunque, che si tratti di una scena *attiva* già in piena vista, e quindi già soggetta a indagine, o che invece l'inizio della performance sia preceduto da un buio/silenzio, ciò che lo spettatore dovrebbe fare è di mantenersi in uno stato di vigilanza riguardo a tutto ciò che entra nel suo campo di percezione sensibile, il quale è veicolato quasi esclusivamente (salvo eccezioni sempre possibili) dalla vista e dall'udito. A tale scopo, una differenza fondamentale di cui essere consapevoli, per quanto banale sia questa evidenza, è che gli occhi hanno mobilità e palpebre, mentre le orecchie no. Le implicazioni di questo per l'artefice dell'opera sono interessantissime (e non è qui che verranno trattate), ma lo sono anche per lo spettatore, perché significa che nessun suono generato all'interno della performance può essere filtrato o evitato,[79] mentre la facoltà di focalizzazione ed esclusione dal campo di attenzione visivo è possibile per quanto riguarda lo sguardo. Uno spettatore consapevole farà ottimo uso di quest'ultima possibilità: è evidente che dove si dirige lo sguardo fondamentalmente si dirige appunto al propria attenzione/concentrazione, e lo spettatore può così farsi parte attiva del processo di selezione di ciò su cui porre la propria attenzione, almeno nei limiti concessi dall'artefice, il quale può operare soluzioni per impedire l'accesso a certi elementi della performance, ad esempio con paraventi di varia natura, o anche più semplicemente illuminando solo una parte dello spazio scenico. È la nozione di "montaggio dello spettatore", che è alla base della generazione di quella narrazione specifica per ciascuno (e in certa misura indipendente dal montaggio espresso dalla partitura dell'artefice) di cui abbiamo trattato nella Parte 4, che è stato portato come paradigma fondamentale del proprio teatro da Grotowski e da Barba, i quali, negli spettacoli realizzati rispettivamente con il Teatr Laboratorium e con l'Odin Teatret spesso organizzano lo spazio scenico in modo che lo sguardo dello spettatore non possa abbracciare tutte le possibili azioni simultanee degli attori,

---

[79] C'è sempre la possibilità di tapparsi le orecchie con le mani, ovviamente, ma non è un atto tipico, né particolarmente sensato, per lo meno nel caso di una prima visione dell'opera mentre, se si è vista l'opera già più volte, questa diventa un'operazione suscettibile di un certo interesse.

costringendo in tal modo lo spettatore a operare di volta in volta le proprie scelte su cosa guardare.

Come detto, se lo sguardo può essere indirizzato intenzionalmente, il suono arriva invece all'orecchio senza poterlo scegliere. Ma anche questo è vero solo fino a un certo punto: dove vi sia una sovrapposizione di suoni, una facoltà di vigilanza sviluppata può essere capace di operare una certa selezione in termini di *primo piano/sfondo*, riuscendo a focalizzare la propria attenzione su uno tra gli eventuali suoni sovrapposti, facendolo così emergere alla propria consapevolezza rispetto agli altri. Invece con lo sguardo è tutto più palese: lo spettatore ha la possibilità di abbracciare l'intero spazio scenico,[80] oppure di *appuntire* il proprio sguardo su certe parti, o anche su minimi dettagli. Può eventualmente scegliere di ignorare con lo sguardo il personaggio che sta parlando per concentrarsi sulle azioni di un altro personaggio, ma può anche, per esempio, fissarsi sui petali di un fiore presente in scena tenendo il testo declamato dal personaggio come sfondo… è possibile (e lecita) qualsiasi opzione, persino chiudere gli occhi e restare con la sola colonna sonora. Se dunque lo spettatore ha la possibilità di scegliere cosa guardare e, almeno in parte, cosa ascoltare, ecco che gli strumenti per un possibile esercizio di indagine su quanto sta accadendo in scena iniziano a farsi interessanti. Dare maggiore evidenza, nel proprio campo percettivo, a uno o all'altro elemento della performance, attivando un'intenzione puntuale diretta alla comprensione del mondo nuovo che si sta dipanando innanzi, è fondamentalmente la chiave di qualsiasi altra considerazione che possa seguire.

Come detto nella Parte 1, lo spettatore ha il compito di rigenerare in sé, al meglio della sua capacità di coglierla, la narrazione introdotta e *congelata* nell'opera da parte dell'artefice. O meglio, come già trattato, lo spettatore in effetti ne genera una propria, che può avere più o meno sovrapposizione con quella dell'artefice (sono i due possibili "montaggi" di cui si è detto poco sopra). In un'opera ideale, i contenuti narrativi e metaforici saranno espressi,

---

[80] Anche se non sempre, come menzionato poco sopra riguardo a organizzazioni peculiari dello spazio scenico da parte dell'artefice.

appunto, *ad arte* ma, come già evidenziato nella Parte 5, chiunque entri in relazione con l'opera ne potrà trarre a pieno titolo qualsiasi significato a cui possa giungere con le proprie speculazioni o, come sarebbe auspicabile, intuizioni. La narrazione, ovvero la generazione di immagini interiori che poi vengono razionalizzate in un contesto cognitivo (detto in termini più semplici, il *capire* la storia narrata), sgorga naturalmente dal sistema di segni/simboli che l'artefice mette in atto nell'opera: all'inizio della performance, sta allo spettatore chiedersi "dove ci troviamo, nel mondo che viene rappresentato?", "chi sono quei personaggi?", "cosa capisco del testo che viene recitato?", "riconosco l'eventuale musica, o tappeto sonoro?", e altre domande di questo tipo. Facendo però attenzione che queste domande non siano così tanto concettualizzate da occupare a tempo pieno la mente e, di fatto, sequestrare l'attenzione da *ciò che succede*, perché è solo in ciò che accade nel *qui e ora* che è possibile migliorare e perfezionare la propria comprensione, ed è *peccato mortale* per lo spettatore indugiare in speculazioni teoriche mentre davanti a lui la *vita* della performance prosegue e, in effetti, in ogni istante gli *parla*.

Lungi perciò dal perdersi in troppe speculazioni, lo spettatore dovrebbe formarsi rapidamente una prima ipotesi narrativa riguardo alla performance, in termini di contesto, di personaggi e, in generale, di *immagini* a cui è esposto nei primi minuti dello spettacolo stesso, o nei primi minuti dell'introduzione di un nuovo personaggio se questo entra nella performance in un secondo tempo. Costituitasi l'ipotesi iniziale, questa potrà essere verificata mentre vanno dipanandosi le situazioni/immagini successive, e mentre ulteriori testi e musiche vengono aggiunti, con più o meno cambi di scenografia/luci e l'utilizzo di diversi oggetti/costumi di scena.[81] Ancora una volta è importante l'equilibrio: riconsiderare la propria ipotesi narrativa non deve impegnare così intensamente da finire per provocare distrazione. La comprensione non può mai derivare da uno sforzo *muscolare*, ma piuttosto da una tensione positiva verso l'oggetto da conoscere… Anzi, riflettendo proprio su questa

---

[81] Di questo processo si è già parlato nella Parte 5. Naturalmente il processo è analogo in caso di performance in cui non vi sia testo, o musica, o altri degli elementi di messa in scena qui considerati.

questione, uno spettatore consapevole può facilmente rendersi conto che in effetti vi è qui un paradosso in atto. Da una parte, si assiste a un'opera performativa per *riceverne* i contenuti, ovvero ci si dispone ad accogliere un flusso di *energia*[82] che sgorga dall'opera e viene verso lo spettatore, ma d'altra parte ogni volta che parliamo di attenzione, dirigere lo sguardo, interrogare la natura e i contenuti dell'opera stessa, eccetera, ecco che in effetti evidenziamo un vettore di senso contrario, che parte dallo spettatore e si dirige verso l'opera.[83] Ecco perché è opportuno riferirsi a uno stato di *ricezione attiva*, nel considerare l'arte dello spettatore: in realtà, esercitando a pieno titolo e con precisa intenzione gli strumenti per la fruizione sensibile dell'opera, lo spettatore di fatto proietta sé stesso *dentro* l'opera, partecipando di quel nuovo *mondo*, non fosse altro che in relazione all'immagine di esso che si va formando interiormente a sé. Questo vettore di proiezione verso ciò che succede è, di fatto, il moto che si realizza nell'esercizio della *curiosità*. Solo che spesso lo spettatore non se ne rende conto e, con ciò, si perde la possibilità di essere presente in modo attivo-creativo all'incontro con l'opera d'arte, facendosi solamente soggetto passivo di ricezione. Detto in altri termini, l'arte dello spettatore è fondata sulla curiosità.

Questo processo, che abbiamo descritto come "proiezione" dello spettatore dentro l'opera, è reso possibile precisamente dalla qualità mimetica dell'arte: è questa qualità di "rappresentazione di *altro*" che implica una distanza tra opera e spettatore, la quale consente all'essere umano un viaggio di "andata e ritorno", ovvero di immersione nel mondo generato dall'artefice, seguito da un "ritorno a sé stesso" con nuove consapevolezze, che costituisce il senso tradizionalmente formativo dell'opera d'arte. All'opposto della "rappresentazione di *altro*", che è *arte* propriamente detta, vi è invece la "simulazione", ovvero la pretesa autoreferenziale di essere immagine-percezione di ciò che, in tal modo, si vuole definire,

---

[82] Usiamo nuovamente questa parola in modo generico, in modo da includere in essa ogni elemento di un'opera d'arte, i quali, per quanto detto fin qui, hanno sempre e comunque qualità vibratorie.

[83] O, si può anche dire, verso l'artefice che ne fa da tramite. Questo è il fondamento per cui l'artefice può in seguito esprimere una riflessione sulla qualità del pubblico presente a una determinata replica.

e di fatto imporre, come *la realtà*. Tale simulazione è attuata nella società di oggi principalmente dai media e dalla loro specifica tipologia di narrazione: solo che, volendo definire l'immagine didascalica della realtà, e non già fornire una rappresentazione del *reale* come fa l'arte, la simulazione non è capace di attuare quella distanza di mimesi percorrendo avanti e indietro la quale l'essere umano può indagare sé stesso e conoscere sempre meglio la propria natura. Queste brevi indicazioni consentono di fatto di orientarsi nel riconoscimento di ciò che è propriamente *artistico*.

Tornando all'ipotesi narrativa fatta dallo spettatore (testo, contesto, personaggi, ecc.), essendo *pensata* è appunto corrispondente alla funzione cognitiva, quella che abbiamo detto ottenere una maggiore evidenza nello stato di coscienza, ma che dire delle altre? Anche per le altre possibili attivazioni, una volta compresa la loro natura, occorre sviluppare la stessa *vigilanza*. Consideriamo lo stato d'animo, o stato emotivo: abbiamo detto che la sua presenza viene normalmente riconosciuta *ex post*; l'emozione cioè è già arrivata quando ce ne accorgiamo. Non è quindi possibile "ipotizzarla", ma è piuttosto una condizione da vivere proprio quando la si esperisce nel *qui e ora*. Uno stato emotivo non è "concettualizzabile" ma se ne può identificare, e perciò ricordare, il motivo della sua scaturigine: ad esempio, può accadere perché una certa musica che si conosce è stata usata in un momento della narrazione in cui gli elementi della situazione hanno fatto riemergere un ricordo personale. L'artefice di un atto performativo lavora per mezzo della generazione di immagini, sia letteralmente (organizzando cioè la scena secondo criteri di composizione spaziale dell'immagine), sia per sovrapposizione di elementi (testo, audio, scena, ecc.). In entrambi i casi, ma specialmente nel secondo, i fattori possono combinarsi e ricombinarsi nello sguardo/udito dello spettatore in modo imprevedibile, tale che per una stessa scena uno spettatore può restare indifferente e un altro provare una forte emozione. Al riconoscere dell'insorgere di uno stato emotivo, come già accennato nella Parte 7, lo spettatore dovrebbe fare essenzialmente due cose: annotarsi mentalmente in quale momento/scena/immagine dello spettacolo questo è accaduto, e, quindi, abbandonarsi all'esperienza di provare quello stato d'animo, senza ulteriori concettualizzazioni ma anche essendo vigile rispetto alla sua portata, il che significa non abbandonarsi ad esso senza controllo, né cristallizzarlo in modo che diventi l'unico stato d'animo provato durante la performance. È vitale che lo spettatore resti ricettivo a tutto ciò che possa provenire dallo spettacolo, che è appunto l'espressione del percorso di esistenza di un *mondo* compresso in un tempo limitato, e che perciò può cambiare anche drasticamente di registro emotivo nel suo svolgimento. Se lo spettatore è riuscito a prendersi un appunto mentale riguardo alle circostanze dell'insorgenza di quel particolare stato d'animo, avrà poi la possibilità di ritrovare a posteriori nella memoria le immagini interiori che sono scaturite in quel momento della performance, e queste potranno costituire un lavoro di recupero/confronto con l'opera e i suoi riverberi nel proprio stato di coscienza, anche a distanza temporale dall'evento.

Il *mondo* della performance è l'insieme di tutti gli elementi messi in scena dall'artefice ma, tra tutti, ce n'è uno a cui lo spettatore consapevole dovrebbe dare un posto privilegiato nel proprio ambito di attenzione, ed è il corpo-voce dell'attore. Nell'evento performativo è l'attore a incarnare (letteralmente, in quanto lo fa con il proprio corpo) il percorso metaforico-esemplare del personaggio interpretato, che è specchio (cioè *doppio*) del tipo umano rappresentato e, perciò, di un aspetto della nostra umanità. Ma una performance non è una conferenza, e perciò l'attore-artefice rende viva e vitale questa *apparenza* (come direbbe Pirandello) per il tramite del corpo. Nel teatro che poniamo a paradigma per l'arte dello spettatore, cioè il teatro di ricerca, l'elemento corporeo ha una grande rilevanza: l'attore lo esercita e lo esprime in istanze extraquotidiane, ovvero in azioni che per ampiezza e spazialità trascendono il livello di pura utilità e sconfinano in una modalità di *spreco di energia* che amplifica (o riduce – in questo caso quello che importa è la modificazione, non il segno) le qualità vibratorie dell'atto stesso (azione e/o suono) innescando le risonanze "da corpo a corpo" di cui si diceva nella Parte 8. Posto che tali risonanze avvengono a dispetto di qualsiasi presa di coscienza, porre su di esse la propria attenzione, nella direzione di un'accoglienza favorevole delle stesse, ne riduce l'inibizione e consente perciò la liberazione di un maggiore effetto in quegli aspetti cinestetici si cui si diceva. Per questo motivo, lo spettatore dovrebbe essere curioso in ogni istante della performance riguardo a ciò che l'attore fa e dice, non solo per una comprensione didascalica ma precisamente allo scopo di seguire il *flusso* delle azioni fisico-vocali e, per così dire, permanere in uno stato di reattività e risonanza riguardo ad esse. Questo vuol dire prendere consapevolezza della relazione spaziale tra il corpo dell'attore e l'ambiente che lo circonda, diventare sensibili a posture simmetriche o asimmetriche, allo sviluppo di modalità relative al farsi grandi o piccoli in scena (nella figura per intero, ma anche nel singolo gesto), nelle dinamiche lento-veloce, sussurro-grido, alto-basso (anche relativamente alla posizione nella struttura dello spazio scenico) e, in definitiva, in tutti i disequilibri messi in pratica dall'attore: sono tali disequilibri, di ogni genere e grado, a generare quel surplus di energia che *sorprende* il nostro stesso corpo, abituato alla comodità dell'agire per sole ragioni di utilità, e lo spingono (e la nostra persona con lui) a farsi partecipe, per mezzo di una reazione, al mondo che viene rappresentato.

Nel momento in cui restiamo in uno stato di vigilanza attiva nei confronti di questi aspetti della ricezione di un evento performativo, e fatto salvo la necessità urgente di restare sempre aderenti al *qui e ora* dello spettacolo, pena il disfacimento dell'esperienza, con un po' di fortuna potrebbe giungere quell'evento interiore di pura intuizione che costituisce la vera conoscenza di qualcosa che prima non ci era noto, o di cui non eravamo certi. Di sicuro un'intuizione potrebbe pervenire anche allo spettatore totalmente distratto che solo per un attimo coglie qualcosa, perché è un evento imperscrutabile che si presenta per vie misteriose, ma un lavoro sulla consapevolezza è sempre tempo speso bene, e può facilitare l'apertura di *canali* verso la conoscenza. Se poi l'intuizione arriva, quando arriva è necessario prima di tutto distinguerla da uno stato d'animo, come descritto nella Parte 9, e bisogna quindi tenerla il più possibile lontana da dubbi e concettualizzazioni, per assaporarne i frutti. L'arte, in fondo, non ha altro scopo che questo.

CONCLUSIONI:

L'ARTE COME STRUMENTO DI CONOSCENZA

Perché fare arte, e perché esserne spettatori? Qual è il senso di questa partecipazione, che essa sia attivamente spesa in prima persona nella creazione artistica, o che si tratti di una fruizione ricettiva? L'evento artistico, si è detto, è la generazione di un *mondo*. Tale mondo promana dal *movimento* del suo artefice, dalla sua capacità di ricombinare nomi e forme delle cose in una entità mai manifestata prima: esso contiene perciò espressioni vitali, appunto di "nome" e di "forma", sempre connaturate e perciò in relazione con la loro "essenza" la quale è al di là della contingenza percepita, e che in virtù di questo atto generativo dell'artista conseguono un proprio *status* di esistenza. Entrano cioè in un tempo e in uno spazio determinati dal loro artefice, e resi percepibili a un *testimone* che li può osservare: questo testimone è lo spettatore.

Chi condivida questo tipo di approccio/visione, ne può trarre immediatamente una conseguenza di una certa rilevanza: all'interno dell'opera d'arte tutto ciò che accade è letteralmente questione di vita o di morte. Questo è riscontrabile persino in quelle opere che "fotografano" un singolo istante, come ad esempio un quadro, o in arti che, di primo acchito (ma ingiustificatamente) sembra che non siano legate alla narrazione di una storia, come la musica o l'architettura.[84] A maggior ragione e in modo assai più

---

[84] Per esemplificare cosa intendiamo: nella musica la *vita* del suono è la *morte* del silenzio (e viceversa); nell'architettura l'opera lotta per la sua sopravvivenza contro le forze della natura che la trascinerebbero al suolo... e così via, analogie del genere possono trarsi dalle specificità di ciascuna arte.

evidente, in discipline artistiche che, per proprio statuto, raccontano più o meno esplicitamente un divenire nel tempo di eventi e di personaggi, come la letteratura, il cinema o il teatro, la *lotta* dei personaggi per la loro vita all'interno del mondo generato dall'artefice e sempre estrema.[85] Questa *lotta per la vita* è dunque degna di rispetto: glielo deve l'artefice, che ha portato alla luce questo mondo (che si tratti dell'ideatore o di chi lo va a interpretare), e glielo deve il testimone/spettatore, che è chiamato a realizzare il fatto di trovarsi in presenza di forze *vitali* in azione.

Vi sono altri due ambiti dell'esperienza quotidiana in cui la vitalità di ciascuno si esprime e si manifesta: uno è lo stato di sogno, dove l'essere umano trae da sé stesso, per vie misteriose, uno scenario e dei personaggi, tra i quali egli stesso si aggira in prima persona, in una "messa in scena" di cui non conosce a priori il copione, e il cui destino è quello di svanire non appena la percezione del proprio "io" di veglia si ri-manifesta al termine del sonno. E il secondo ambito… be', il secondo ambito non è altro che la stessa esperienza di veglia che ognuno fa: in fondo, anche qui vi è uno scenario, vi sono personaggi con cui si interagisce, e vi è la stessa imprevedibilità riguardo agli eventi che andranno ad accadere nel corso del tempo. Considerando gli elementi in gioco (che sono poi gli stessi elementi presenti in un mondo generato dall'azione di un artefice, come riprendiamo subito dopo) e la loro relazione con l'"io" che ne fa esperienza, non vi è alcuna differenza tra stato di sogno e stato di veglia, se non che quest'ultimo siamo abituati a chiamarlo "la realtà". Ci si potrebbe allora domandare da dove possa eventualmente provenire la "partitura" che viene seguita dai personaggi, tutti noi inclusi, nelle vicende del sonno e della veglia, ma non è una domanda a cui (provare a) dare una risposta qui.

Ritorniamo alla nostra opera teatrale: vi sarà, certo, uno scenario e vi saranno dei personaggi che agiscono e vivono, al suo interno, le vicissitudini fissate dall'artefice. Dove sta la differenza con i due ambiti di sonno e di veglia che esperisce l'essere umano? In una narrazione a cui assiste, lo spettatore non è presente

---

[85] E questo è vero anche se si trattasse di una comica: non c'è maggior tragicità che nello strenuo attaccamento alla vita di una macchietta.

all'interno di essa, come invece avviene con il sogno e lo stato di veglia, dove osserviamo accadere le cose guardandole "da dietro i nostri occhi". Considerando il caso di una prima visione dell'opera, essendo in sincrono con lo scorrere del tempo a cui sono sottoposti i personaggi che vi agiscono, al loro stesso modo[86] lo spettatore non sa cosa accadrà subito dopo, nella vicenda di cui è testimone, ma sa di esserne comunque "fuori" in quanto, appunto, testimone/osservatore. Vi è dunque questo inevitabile "straniamento", implicito nella visione stessa di un atto performativo, per cui uno spettatore, sapendo di non essere direttamente coinvolto nella storia narrata (ovvero di non esserne uno dei personaggi), può starsene tranquillamente seduto al suo posto perché, in caso contrario, diventerebbe anche per lui, come per i personaggi rappresentati, una questione *di vita o di morte*. Ma se l'opera teatrale, che è un opera di *fantasia*, è analoga, nei suoi elementi e nel suo divenire, all'esperienza che l'essere umano fa nel proprio stato di veglia, ovvero ciò che egli chiama *realtà*, per quanto *trasfigurata* come può esserlo l'esperienza di trovarsi in un sogno, allora tale opera ne eredita la capacità di veicolare concetti, sensazioni, stati d'animo, significati. Chi assiste a un'opera d'arte ha la possibilità di entrare così *in relazione* con tali contenuti, aprirsi alla vitalità che l'opera veicola, e cogliere i riflessi, le rifrazioni e le trasfigurazioni che *risuonano* nel proprio stesso essere e nella propria stessa vita. In definitiva, l'arte può in tal modo diventare uno strumento con cui l'essere umano conosce meglio sé stesso e ciò con cui entra in relazione nel corso della sua esistenza, e questo inteso con la maggior ampiezza possibile, includendo perciò anche tutti i pensieri, le emozioni, le intuizioni…

Ci sarebbero molte considerazioni da svolgere relativamente a cosa tutto questo significhi per l'artefice e, in particolare nel caso dell'opera performativa, le implicazioni per chi è l'interprete di un personaggio. In questo scritto, si può solo accennare al fatto che il personaggio, all'interno del proprio *mondo*, viene alla luce (cioè *nasce*) e torna nell'ombra (cioè *muore*) a ogni prova e a ogni

---

[86] "Loro" sono i personaggi, non il performer che li interpreta. Il *performer* sa cosa deve fare dopo (è la partitura) ma il *personaggio*, nel suo *mondo*, non lo sa! Questa cruciale differenza viene ripresa nel capitoletto successivo.

rappresentazione, per la durata temporale di manifestazione di tale *mondo*. Inoltre, la *realtà* del personaggio è un divenire di cui egli nulla conosce, sempre all'interno del *mondo*: vi è qui una discrasia fondamentale tra l'attore che "sa" la parte, e il personaggio che vive *ogni volta* le vicende narrate *per la prima volta*. Si potrebbero trarre indicazioni speciali da questa condizione, che poi è, non esattamente ma per approssimazione, la condizione dello spettatore che assista a una replica (o che rilegga un romanzo, eccetera): in questo caso la partitura dei personaggi è già nota allo spettatore, e nulla potrà cambiarne il destino a cui vanno incontro (in quanto personaggi) per la prima volta, un'altra volta. Il testimone, in questa situazione, è propriamente colui che osserva quel *mondo* dall'eternità, cioè da un punto di vista "fuori dal tempo"[87] in cui tutto è noto, quel tempo che invece ricomincia a scorrere, dentro il mondo rappresentato, di nuovo per la prima volta, a ogni replica.[88]

Il dono più grande che può venire allo spettatore di un'opera d'arte, in fin dei conti, è proprio quello di realizzare consapevolmente la propria funzione di testimone di un mondo fittizio (ma non per questo irreale, proprio come lo sono i sogni... e, appunto, chissà cosa è veramente ciò che siamo abituati a chiamare "realtà") e, magari, imparare ad applicare questa facoltà di riconoscimento anche alla propria esistenza. Allo spettatore consapevole serve sviluppare ed esercitare: osservazione attenta, vigilanza sui moti che attraversano il corpo e la psiche, controllo della tendenza all'iperspeculazione cognitiva, curiosità, abilità nel riconoscere una vera intuizione quando si manifesta, compassione per le vicende "piccole" dei personaggi rappresentati nell'opera, che possono riflettersi nell'indefinitamente "grande" della condizione umana, eccetera. Da tali modalità di *incontro* con l'opera l'arte potrebbe scaturire un punto di vista del tutto nuovo per l'essere umano, magari più abile nella discriminazione della sua scala di valori, più avanzato nella conoscenza delle cose che percepisce e... di sé stesso.

---

[87] L'eternità non è il prolungamento indefinito del tempo quanto un'*uscita* dalle sue condizioni limitanti, e la condizione dello spettatore che assiste alla replica di uno spettacolo già a lui noto la esemplifica alla perfezione.

[88] E come potremmo escludere che la condizione stessa dell'essere umano sia soggetta al medesimo meccanismo?

APPENDICE

CONSIDERAZIONI SULLE PECULIARITÀ
DEL CINEMA

Abbiamo definito l'evento performativo, che è l'oggetto del testo che precede, e su cui di fatto è costruita la proposta verso un'*Arte dello spettatore*, come un evento caratterizzato dalla presenza di un artista che agisce in unità di tempo e di luogo rispetto allo spettatore. Questa compresenza produce delle conseguenze di una certa rilevanza, alcune delle quali sono state qui sopra analizzate. In nessun altra opera artistica, se non quella performativa, è presente il performer-artefice "in azione" nel tempo, ad eccezione del cinema.[89] Il cinema è un prodotto dell'epoca moderna, frutto di conoscenze scientifiche e di applicazioni tecnologiche che furono possibili solo alla fine del XIX secolo. Precedentemente, l'idea di immagini in movimento che producessero l'impressione di un'azione continuata nel tempo era limitata a meccanismi in cui il contenuto era per lo più disegnato, e comunque di durata molto limitata. Con la possibilità di riprendere, fissare e riprodurre

---

[89] Su questa affermazione è necessario operare una distinzione ormai ampiamente dimenticata (e, per la verità, purtroppo quasi completamente perduta) nella società contemporanea: da un punto di vista tradizionale, ogni attività umana è potenzialmente capace di "arte". Basti pensare ai *collegia fabrorum* dell'epoca romana, o alle corporazioni dei mestieri medievali, dove la conoscenza riguardo al saper "fare" qualcosa (il *mestiere*) veniva insegnata e tramandata a *bottega* da Maestro ad allievo, e con connotazioni iniziatiche, ovvero di trasmissione *sacra* e non solamente meccanica. Quindi, in realtà, se tutte le attività umane fossero secondo quest'ordine, tutto sarebbe un prodotto generato secondo "arte" e ogni essere umano sarebbe "artista" (come dovrebbe essere): l'ambito della creazione di fantasia sarebbe così solo una delle tante arti, e si potrebbe trovare un artista in azione in compresenza allo spettatore semplicemente andando in una qualsiasi bottega artigiana.

fotografie realistiche su un *nastro* di lunghezza virtualmente illimitata facendole scorrere in modo che, all'occhio, le azioni riprodotte apparissero senza discontinuità, e a seguito della definizione progressiva di un linguaggio proprio (prime fra tutte, le grammatiche relative ai molteplici campi di inquadratura e alle possibilità inedite del montaggio), ecco che il cinema diventa uno strumento capace di operare quegli accostamenti e trasformazioni di materiali, da parte dell'artefice, capaci di portare nuovo significato e, in definitiva, di generare quei *mondi* che abbiamo posto a fondamento dell'esistenza di un atto artistico. Ecco perché il cinema è *arte* nel senso proprio del termine.

Per quanto concerne il rapporto tra artefice e spettatore, il mezzo cinematografico[90] è da annoverare tra quegli ambiti artistici (come ad esempio la pittura, la scultura o la scrittura) in cui l'opera è veicolata in modo *mediato*, e non immediato come è invece nel caso della performance.[91] Ossia, come già rilevato, nelle opere *mediate* l'unità di tempo e di luogo tra l'artefice "in azione" e lo spettatore è rotta: l'artefice produce la sua opera e solo in un secondo momento, e probabilmente in altro luogo, lo spettatore vi si può accostare. Ma, a differenza di tutte le altre arti *mediate*, nel cinema, e ovviamente anche nella fotografia, la presenza dell'essere umano (e dell'ambiente che lo circonda) si manifesta con un'aderenza identitaria "fotografica" rispetto all'esperienza quotidiana dello spettatore (la cosiddetta *realtà*). Vi è quindi un primo paradosso insito nel cinema, il quale è un mezzo *mediato* che illustra contenuti *immediati*: a differenza di altre arti mediate, dove ad esempio l'essere umano non può essere riprodotto che tramite disegni o materiali plastici, nel cinema l'essere umano, che è poi l'artefice (secondo la definizione data) si manifesta in modo *letterale*. Ma non è l'unico dei paradossi: nel cinema, l'artefice vi appare appunto "in

---

[90] Limitiamo queste considerazioni al cinema di finzione. Alcuni aspetti che seguono andrebbero puntualizzati, e certi paralleli modificati, nel caso considerassimo opere cinematografiche di tipo strettamente documentaristico.

[91] In quanto segue è necessario, per il momento, dimenticarsi il caso specifico della ripresa video di un'opera performativa, questione su cui comunque torneremo in chiusura di queste considerazioni: ma per seguire il filo dei ragionamenti che seguono, bisogna considerare l'opera performativa come riproducibile esclusivamente nella compresenza artefice-spettatore.

azione", un'azione che è avvenuta in un tempo e luogo diversi rispetto alla sua fruizione, ma che può essere riprodotta un numero indefinito di volte in modo esattamente uguale a sé stessa, cosa che nella modalità performativa in compresenza non è possibile, perché la replica di un evento performativo non potrà mai essere perfettamente identica a una qualsiasi delle precedenti. Certo, in un'opera performativa fondata sulla rigorosità della partitura, le repliche saranno tanto più simili le une alle altre quanto più l'artefice l'avrà sviluppata e fissata,[92] ma non vi è modo di replicare una performance in perfetta identità, come nel cinema, perché, da una replica all'altra, è il performer stesso, in quanto essere vivente in movimento nel tempo, che non è più *identico* a quello che fu nel tempo di una qualsiasi delle repliche precedenti. È una delle maggiori *vulnerabilità* dell'evento performativo, che è poi la *vulnerabilità* stessa dell'essere umano che determina la specificità, e la sacralità, dell'evento in compresenza. Nel cinema, invece, accade proprio questo: una volta fissate, la riproduzione delle immagini registrate si ripeterà in modo identico (nel senso più rigoroso del termine), a ogni visione. O forse non è precisamente così, per lo meno se considerato dalla parte di chi guarda...

Questo infatti è il terzo paradosso, quello che concerne lo spettatore di un'opera filmica e la sua consapevolezza di essere tale. Questo paradosso risiede nella presa di coscienza che, mentre l'artefice non agisce nel medesimo qui e ora dello spettatore, è lo *scorrimento* del tempo nell'opera, ovvero la sua fruizione, a essere partecipe in qualche modo della qualità di una compresenza. Naturalmente questo è vero anche, ad esempio, per un quadro, che è lì appeso in presenza dello spettatore, ma ciò che cambia nel caso del cinema è che esiste appunto un tempo, che scorre *dentro* l'opera, che non è il tempo a cui è sottoposto lo spettatore che la visiona, e la cosa viene resa evidente nel momento in cui, tranne che in pochissime eccezioni nella storia del cinema, nessun film si svolge in

---

[92] Riguardo a performance dotate di partitura rigorosa, è esemplare la vicenda dell'esistenza di un'unica documentazione video integrale, ma senz'audio, dello spettacolo "*Il Principe Costante*" del Teatro Laboratorio di Grotowski a cui poté essere sovrapposta una registrazione ambientale sonora effettuata nel corso di un'altra replica, e più di due anni dopo, dove per larghi tratti il labiale degli attori risultava perfettamente sincronizzato.

unità di tempo, e vi sono presenti ellissi temporali più o meno estese di cui lo spettatore da una parte si rende benissimo conto, e dall'altra le accetta e le integra nella propria esperienza della visione, in virtù della comprensione del linguaggio del montaggio cinematografico. L'*attivazione* del tempo dell'opera (quello a cui sono sottoposte le situazioni e i personaggi che vi sono rappresentati), scaturisce cioè dall'*eternità*, che abbiamo già osservato essere non il prolungamento indefinito del tempo, ma la sua fuoriuscita. Poniamo infatti di prendere in mano l'intera bobina di un film prima che la pellicola venga inserita nel proiettore (metafora d'altri tempi rispetto alla realtà digitale di oggi, ma ha il pregio di mostrare la materialità della cosa): avremo letteralmente in mano l'intero spazio-tempo del *mondo* che l'artefice ha generato e fissato nel film, e potremo prendere uno qualsiasi dei suoi fotogrammi osservando in esso uno stato delle cose che i personaggi coinvolti nella vicenda raggiungeranno solo percorrendo il tempo interno alla loro storia.

Ma una volta che lo spettatore dà il via a una visione del film, e quindi attiva lo scorrimento del suo tempo interno, là ogni cosa verrà riprodotta esattamente nello stesso identico modo in termini di nomi-forme e tempo-ritmo, mentre le condizioni del qui e ora dello spettatore saranno, nel caso di una prima visione, le più disparate tra diversi spettatori e, nel caso di una ri-visione, potrebbero essere assai diverse anche per lo stesso spettatore. Basti pensare che, nell'epoca attuale, il film non è più visto esclusivamente al cinema, e neanche su supporti simili tra loro per dimensione dello schermo e qualità dell'audio, aprendo così a ogni possibile condizione di fruizione dell'opera, in contrasto con quanto avviene nell'opera di tipo performativo dove, con i necessari adattamenti dovuti ai diversi ambienti in cui dev'essere eventualmente svolta, l'esperienza dello spettatore è il più possibile resa omogenea dall'artefice. Anche solo la possibilità, in una visione privata, di mettere in pausa il film (e quindi il suo tempo interno), addirittura potendo rimandare ad altra occasione il completamento della visione,[93] cosa tipicamente impossibile con un evento performativo,

---

[93] Oppure, ed è un'altra possibilità dei mezzi contemporanei di visione di video in formato digitale, aumentare la velocità di riproduzione per visionare

porta a una discrasia tra le condizioni di svolgimento dell'opera e quelle di svolgimento della vita dello spettatore nel suo qui e ora.[94] Questa discrasia non dovrebbe lasciare indifferente uno spettatore di cinema e dovrebbe, anzi, essere fonte di una certa introspezione e, quindi, di maggiore consapevolezza. Le condizioni esterne in cui si visiona un film, tutte incluse, e lo stato di coscienza nel quale ci si trova, hanno la stessa importanza nella visione di un film come di qualsiasi altra opera d'arte, ed è una questione che le già citate nuove modalità di fruizione contemporanee rendono ancora più difficile da considerare. L'invito è perciò di cercare di applicare alla visione di un film le stesse considerazioni relative all'accostamento dello spettatore a un'opera d'arte che sono state delineate nel testo che precede,[95] affinché anche tale visione assuma le caratteristiche di un evento e non di un semplice passatempo.

C'è un'ulteriore considerazione da fare riguardo allo spettatore di un opera cinematografica (e che coinvolge ovviamente anche l'artefice, di cui qui però non ci occupiamo). Il cinema è una forma d'arte che certamente non sarebbe piaciuta a Platone: nella sua pessima considerazione dell'artista in quanto "imitatore di imitazioni",[96] e perciò corruttore di quella aspirazione verso gli archetipi del mondo delle idee che ogni essere umano dovrebbe avere, il cinema, non facendo altro che rappresentare fotograficamente una *realtà* che è già essa un riflesso (*mimesi*) delle pure idee archetipali, rappresenta il massimo grado possibile di un'arte che imita un'imitazione... E che, quindi, zavorra l'essere umano che vorrebbe (dovrebbe volere) elevarsi al di sopra della propria

---

l'opera più velocemente. Anche un atto come questo altera la relazione tra tempo dello spettatore e tempo interno alla vicenda narrata nell'opera.

[94] Vi può essere qui, invece, un'analogia interessante tra cinema e romanzo, perché anche rispetto a una narrazione scritta possono valere le stesse peculiarità riguardo all'esistenza di un tempo interno all'opera, alla sua messa in pausa e successiva ripresa, eccetera. La grande differenza risiede nel fatto che il cinema opera per immagini fotografiche che sono esterne allo spettatore, e più o meno realistiche a seconda dei casi, mentre la (ri)generazione dell'intero *mondo* del romanzo avviene, tramite le descrizioni testuali del romanziere, all'interno del sistema-spettatore, che appone nomi e forme a ciò che è descritto nel romanzo secondo la sua propria capacità immaginifica.

[95] In particolare nella Parte 5.

[96] *Repubblica*, Libro X.

condizione contingente, che è auto-limitata nell'identificazione con un "io" illusorio, trattenendolo con ancora più forza nell'illusione stessa. In effetti non possiamo non osservare con Platone, che ovviamente sa il fatto suo, quanto nel cinema (e perciò anche i suoi derivati, a volte degenerati, televisivi) le facoltà ricettive più stimolate nell'essere umano siano le emozioni, ovvero la messa in moto delle fluttuazioni degli stati d'animo, mentre, per contro, salvo eccezioni sempre presenti e che spesso dipendono anche dalle disposizioni individuali, il cinema ha uno scarsissimo impatto sull'attivazione cinestetica nel corpo dello spettatore, ed è proprio con ciò che si può verificare, nel concreto, come questa facoltà sia indotta nello spettatore principalmente dal corpo dell'artefice a lui compresente nell'evento performativo.[97] Il cinema, dunque (e con esso la forma video in generale), è indubbiamente capace di un forte impatto sull'apparato emotivo, sicuramente il più potente tra tutte le arti, specie se consideriamo l'effetto nella società di massa.[98] Ma l'apparato emotivo è precisamente ciò che lega di più l'essere umano al senso dell'*io* e del *mio*, considerato tradizionalmente la radice del problema che costringe l'essere umano all'incessante stato di agitazione individuale che lo distrae dall'aspirazione platonica (che non è solo propria del platonismo) verso le idee archetipali e, in ultimo esito, verso il Bello e, quindi, il Bene.

Abbasso il cinema, allora? Per niente. Lo spettatore consapevole, sapendo di questa caratteristica del cinema, non se ne farà sequestrare in modo irreparabile per la propria attenzione agli eventi: come descritto più sopra, vigilerà sull'emersione degli stati d'animo e starà dentro l'esperienza di essi senza farsene travolgere, e senza pensare che tutto si limiti a quello. Infatti, proprio perché il cinema mostra le cose in modo fotografico, ed esibisce quindi l'umanità con un'apparenza di nomi e forme sovrapponibili al

---

[97] Vedi Parte 8. Bisogna anche notare che, salvo eccezioni, nella recitazione cinematografica si fa scarso uso di quel principio teatrale, nell'uso del corpo dell'attore, che nel testo abbiamo chiamato di *spreco di energia*.
[98] Da cui il grande impatto culturale e, addirittura, di mutamento antropologico, della televisione negli anni '60-90 del secolo scorso (vedi quanto detto all'epoca da Pier Paolo Pasolini) e il più recente successo, specie tra i giovani, di piattaforme social basate esclusivamente sulla visione di clip video.

mondo della cosiddetta *realtà* in cui è immerso,[99] lo spettatore, grazie alla capacità combinatoria dei materiali da parte dell'artefice (e alla sua maestria nella generazione dell'opera) potrà trovare livelli metaforici molto profondi nelle opere d'arte cinematografica, la quale (e qui Platone sarebbe stato probabilmente un po' più contento), purificata dai limiti del coinvolgimento emotivo e cognitivo totalizzante e affrontata con le armi dell'intelletto che discerne e comprende (cioè l'intelletto *sano* dantesco), è capace di suscitare eventi di consapevolezza intuitiva di grande intensità, che sono, come già espresso più sopra, il vero scopo dell'arte e il vero fine dello spettatore. I temi legati alle peculiarità dell'arte cinematografica sono molteplici, sia per spettatore che per l'artefice, e meriterebbero una trattazione a parte, più completa: questi sono solo brevi accenni per gettare alcune basi che potranno magari essere ulteriormente sviluppate in futuro, se ci sarà la possibilità.

Un'ultima nota sulle riprese video di eventi performativi, le quali, dopo che le repliche della performance sono terminate, sono tutto ciò che resta di *visibile* dell'opera (e peraltro solo nei tempi moderni: per le opere del passato, quando non sia andato perduto, rimane solo il testo). Va da sé, per tutto quanto si è detto in ciò che precede, che la visione di una ripresa video di un'opera performativa, per quanto ben fatta possa essere, non è e non potrà mai essere la stessa esperienza fatta in compresenza con il performer. Sono stati dati elementi a sufficienza per poter affermare questo, senza doverne ribadire le giustificazioni. Resta il fatto che, per il valore di documentazione e di *memoria* che hanno, e per la possibilità di farsi un'idea di come una determinata opera sia stata messa in atto da parte dell'artefice, la ricerca e la visione di tali filmati può essere molto proficua. Nella sezione delle *Fonti* si danno alcune chiavi di ricerca per reperire materiali attinenti a questa trattazione.

---

[99] Stiamo qui considerando un cinema con caratteristiche di rappresentazione realistica: esistono naturalmente tutti i possibili diversi approcci rispetto a ciò che può venire rappresentato in un film, che si può spingere a livelli simbolici e di astrazione anche molto avanzati. Un esempio di cinema che contiene molteplici livelli di rappresentazione, in un mix efficace e di grande stimolo per le ipotesi che può porre uno spettatore, è quello di David Lynch.

POSTFAZIONE

L'ARTE DELL'INQUIETUDINE

Ovvero glosse di postfazione per L'Arte dello spettatore

di Raúl Iaiza

Di regola una postfazione è una sorta di grazia conclusiva da parte d'una autorità. Ma Sangalli ha voluto chiaramente tutt'altro invitandomi. Lui sa che posso parlare solo da artigiano. Ebbene, la postfazione ad un libro si legge dopo aver letto il libro, a mo' di saluto, in coda. E allora vorrei che fosse sì una sorta di congedo, ma un po' ribelle. Un congedo che inviti a ritornare sul letto *come se fosse stato detto*, quindi in ordine sparso, rimuginando o riscoprendo frasi, rimandi, riverberi.

Prima però vorrei ricordare un benvenuto. Credo sia pertinente raccontare come ho conosciuto Lorenzo: *aspettando*. Eravamo in tre seduti sui gradini d'un edificio dove ore più tardi ci sarebbe stata una conferenza di Jerzy Grotowski. Lorenzo, la mia compagna di allora, Roberta, ed io. Intorno, il deserto. Era l'estate del 1996, a Volterra. Per circa sei ore abbiamo parlato, giacché aver scelto di arrivare con un anticipo così fuori misura ci accomunava giocoforza. Solo un paio d'ore prima dell'inizio della conferenza il piazzale si riempì. Noi tre eravamo sulla porta e siamo finiti in prima fila, a un paio di metri della pedana. Quell'attesa e quell'evento, ci fece incontrare. Ora, venticinque anni dopo, c'è *L'Arte dello spettatore*. E l'etimo, non a caso, s'incrocia: *aspettare*.

È significativo che Sangalli scriva questo libro in piena pandemia planetaria. Lui scherza sui social con suo fare dissacrante – è la chiave del suo esercizio d'umiltà – dicendo che proprio perché rinchiuso e annoiato, ecco che ha scritto un libro... Ma lui ben sa che l'aspettare dello spettatore bloccato dalla pandemia o, meglio,

dalle pandemie – poiché s'insidiano a catena pestilenze di vario tenore attorno, oggi, ben al di là dell'emergenza sanitaria in sé – è il
cuore dell'arte stessa chiamato in causa, di tutte le arti. Ma del teatro e di tutte le forme sceniche dal vivo *in primis*. Il libro esce mentre si discute sullo spettatore in streaming, che scansa la presenza,
ma si sente ripagato per il moltiplicarsi dell'ubiquità. E via di seguito. In questo intreccio di pestilenze, di pandemie del senso
stesso, Sangalli s'immerge in questa riflessione: *essere spettatori*
può essere un'arte.

Ci sono valori e necessità nelle ricerche di Sangalli. Nascono,
ripeto, dall'isolamento forzato e dal paradosso immediato di non
poter essere spettatori che di sé stessi. In meditazione obbligatoria,
da una parte. Dall'altra, dall'essere altrettanto obbligati a *spectàre*
praticamente tutto digitalmente, cioè nella proliferazione della velocità e dell'abbondanza, attraverso gli schermi. Per questo *L'arte
dello spettatore* ha un chiaro valore centrale: l'inquietudine.

Si pensa allo spettatore come figura quieta, che assiste e che
terrà, chissà come e perché, dentro di sé tutto quel che accadrà… o
non accadrà. Sangalli parte quindi da un esercizio di memoria, al
passato. "Cosa mi ha formato come spettatore?", "dove, come,
quando si è rovesciata la chiave delle passività, dell'accoglienza e
della testimonianza per diventare rapporto induttivo, persino inva-
dente in me stesso?". Indagando scova e ascolta il suo presente, per
lanciare traccianti ad altri spettatori isolati nella pandemia. Prima
ho detto 'meditazione obbligatoria'. Sia chiaro, è una scelta. Perché
in realtà obbligatoria non è, né potrebbe esserlo. Possiamo attraversare la pandemia come una tormentata emergenza sanitaria, legata a mille contingenze strutturali della società, del lavoro e della
famiglia. Oppure aggiungere, ad intreccio, un altro piano: quello
dell'*appuntamento con sé stessi*. Azione dell'introspezione, di regola mille volte rimandata, che si protrae fino al suo scioglimento
spesso fallimentare, intimo e personale. Sangalli invece propone di
tenere in vita l'arte dello spettatore *di sé* come punto di partenza.
Una via della conoscenza sull'essere spettatori *in vita*, una tecnica
dell'ascolto e dell'osservazione sui passaggi tra amarezza e luce,
per far tesoro però soprattutto della luce, verso un oltre, verso tutto
l'oltre possibile.

Quindi un'inquietudine legata al futuro. Perché la pandemia finirà, perché si tornerà nei teatri, nelle sale da concerto, in presenza, non resterà solo lo streaming, si tornerà nelle sale prove, nei laboratori, negli atelier. E in quel momento riemergerà la chiave carsica del suo esercizio: essere capaci di aprire da dentro e da fuori, da chi coglie e da chi si coglie, valorizzando pienamente la relazione come rapporto *fra le azioni*. Per questo quindi *L'arte dello spettatore* è per forza un libro aperto, tutt'altro che compiuto. Non è un libro cartografico, non è un metodo, non può essere un itinerario, ma solo una bussola. Non disegna spazi per l'astrazione, l'interpretazione, il giudizio, piuttosto mostra come costruirsi un attrezzo prezioso e fragile. Quell'attrezzo incentrato sull'ago magnetico che funziona solo se galleggia al limite della caduta.

Sangalli proviene dal teatro. Ed è rimasto, forse anche inconsapevolmente, legato alla cultura dell'oralità. Si potrebbe dire che l'oralità è casa madre del teatro, anche della parola artistica nel teatro, appare ovvio. Ma la cultura dell'oralità, che è atto umano condiviso, scava e ricava ragioni ben più profonde. E di fatto comprende, paradossalmente, pure tutte le ragioni teoriche del teatro, tutte le regioni teoriche, direi, in pieno. Ragioni e regioni. Ma per altra via, per altre vie. "*Ai libri troppo narrativi non si concede mai una fiducia totale, come se potessero contenere alterazioni della verità. Anche se probabilmente l'unico posto in cui la particolare qualità della memoria teatrale può depositarsi davvero è la carta di cui sono fatti i romanzi. Ma è difficile accettarlo.*" confessa Mirella Schino attorno ad *Awareness*, di Gabriele Vacis. Ma si può andare ancora più in là: "*...la prima – e forse l'unica – indagine scientifica dell'attore: la rivoluzione avviene attraverso un'indagine metodica, analitica, frammento per frammento. Ma questa indagine non assume, sotto la penna di Stanislawskij, la forma del trattato. I libri che Stanislawskij ha finito hanno la forma dell'autobiografia, dei ricordi, del diario, del romanzo. C'è da chiedersi perché.*" Così Fabrizio Cruciani, all'interno di *Registi pedagoghi e comunità teatrali nel Novecento*. Lezioni profonde e umane quelle che evocano le parole di due grandi studiosi teatrali italiani. Due *Spettatori* di quelli con la maiuscola, che teorizzando ci restituiscono la polpa viva: la qualità della relazione *tra le azioni, il dentro e il fuori* riconsiderati e vissuti per via diversa.

Io sono fra coloro che arrivarono al teatro dai libri. Dapprima il teatro scritto, la drammaturgia. Poi i libri sul fare teatro, per lo più attorno all'arte dell'attore. Se non che, attraverso i libri, via via arrivavano gli incontri determinanti. Il motore segreto però erano i solchi tracciati in me da parole folgoranti. Il tempo mi portò davanti ad un diverso connubio tra libri e pratica. E così arrivarono altri libri: *Il cavallo cieco, L'attore fluttuante, Il punto limite della performance, Parole sul mimo, Gli anni felici...* Ed è quel che mi parla tra le pagine di Sangalli. Lui è della stessa famiglia per me. Per questo all'inizio ho scritto *detto* al posto di letto: ritornare sul detto.

Un altro valore di questo libro sta nel suo stesso paradosso. Dicevo, è un libro pieno di logiche aperte. E non poteva essere altrimenti. Sangalli è leale verso la natura stessa delle sue parole, le nutre: sembrano parole teoriche, invece sono agenti, agiscono, operano. Sangalli riesce a comporre – non completandola – una articolata trama e ordito del suo stesso paradosso. Quindi più che incompleto o non compiuto, è semplicemente un *libro aperto. L'Arte dello spettatore* è l'arte dell'incisione sulla propria memoria dell'azione spettatrice. Questa glossa mi riconduce all'ago tremante, sempre inquieto, ma preciso.

Riapparso il corpo – poiché il corpo *è* memoria, e ancor di più se si schiudono le sue vie – si torna alla necessità. Il fatto è che *necessità* è parola plurale, anche quando espressa al singolare. Inevitabilmente, e soprattutto per un libro come questo. Per la sua genesi stessa, i suoi antefatti e i suoi percorsi, il libro restituisce *speranza*, e testimonia il suo attendere, tendere verso. Anche, e non solo però, per il fatto di essere nato nel contesto più insensato che si possa immaginare per una proposta del genere: l'arte dello spettatore nel bel mezzo di uno scacco epocale.

Il libro, la sua azione, quella di Sangalli, ha sicuramente riaperto gli occhi, ha ripulito l'udito, ha dilatato lo spazio interiore per l'incontro. Il *lettore spettatore* delle parole, ha chiuso il cerchio aprendolo verso il futuro. Ora può svanire come oggetto lineare, insieme al suo autore. Ora è ormai libro bussola, quadrante che può riorientarsi, in apertura, diversamente. Libro inquieto.

FONTI

Quella che segue è una selezione, decisamente personale e comunque molto parziale, relativa ad alcune delle fonti che ho variamente studiato/letto/guardato negli ultimi trent'anni e a cui devo, in un modo o nell'altro, la mia formazione all'interpretazione dell'opera d'arte e al suo incontro come spettatore consapevole.

Sono principalmente fonti di studio e di visione relative a teatro e cinema, perché questi sono stati gli ambiti artistici principali a cui mi sono dedicato, ma vi sono anche alcune fonti che trattano dell'arte in generale, specie quando si affronti il tema dal punto di vista tradizionale, simbolico e antropologico. Echi e riverberi di questi materiali si possono facilmente ritrovare in quanto esposto nel presente testo riguardo a una possibile *Arte dello spettatore* e, certamente, anche nelle incursioni che talvolta mi capita di fare negli ambienti dell'arte, il più delle volte a supporto di chi artista lo è davvero.

Li offro, senza alcuna pretesa di completezza, né di esaustività, come possibile *vademecum* per chi desideri degli spunti di approfondimento a seguito della lettura del presente scritto.

L.S.

LIBRI

Antonin Artaud
- *Il teatro e il suo doppio*, Einaudi, Torino, 2000.

Eugenio Barba
- *La canoa di carta. Trattato di antropologia teatrale*, Il Mulino, Bologna, 1993.
- *La terra di cenere e diamanti. Il mio apprendistato in Polonia*, Ubulibri, Milano, 2004.

Eugenio Barba e Nicola Savarese
- *The Secret Art of the Performer: A dictionary of Theatre Antropology*, Routlegde, London-New York, 1991. Edizione italiana: *L'arte segreta dell'attore*, Edizioni di Pagina, Bari, 2011.

Julian Beck e Judith Malina
- *Il lavoro del Living Theatre (materiali 1952-1969)*, Ubulibri, Milano, 1982.

Peter Brook
- *Il punto in movimento*, Ubulibri, Milano, 2001.

Ananda K. Coomaraswamy
- *Il grande brivido*, Adelphi, Milano, 1987.
- *La trasfigurazione della natura nell'arte*, Rusconi, Milano, 1990.
- *Sapienza orientale e cultura occidentale,* Rusconi, Milano, 1998.

Marco De Marinis
- *Il nuovo teatro (1947-1970)*, Bompiani, Milano, 1987.

Sergej M. Ejzenštejn
- *Lezioni di regia*, Einaudi, Torino, 2000.

Ludvik Flaszen
- *Grotowski & Company*, Edizioni di Pagina, Bari, 2014.

Jerzy Grotowski
- *Per un teatro povero,* Bulzoni, Roma, 1970.
- *Testi 1954-1998, 4 volumi,* La casa Usher, Firenze, 2014-16.

René Guénon
- *Il simbolismo del teatro*, in *Considerazioni sull'iniziazione*, Luni, Milano, 1996.

Jennifer Kumiega
- *Jerzy Grotowski*, La casa Usher, Firenze, 1989.

David Lynch
- *In acque profonde. Meditazione e creatività*, Mondadori, Milano, 2008.
- *Io vedo me stesso. La mia arte, il cinema, la vita*, Il Saggiatore, Milano, 2016.

Vsevolod Mejerchol'd
- *L'attore biomeccanico*, Ubulibri, Milano, 1993.

Zbigniew Osiński
- *Jerzy Grotowski e il suo laboratorio*, Bulzoni, Roma, 2011.
- *Jerzy Grotowski's Journeys to the East*, Routlegde, London-New York, 2014.

Pier Paolo Pasolini
- *Le regole dell'illusione*, Fondo Pier Paolo Pasolini, Roma, 1991.

Thomas Richards
- *Al lavoro con Grotowski sulle azioni fisiche*, Ubulibri, Milano, 1993.
- *The Edge-Point of Performance,* Documentation Series of the Workcenter of Jerzy Grotowski, Pontedera, 1995.

Franco Ruffini
- *I teatri di Artaud. Crudeltà, corpo-mente*, Il Mulino, Bologna, 1996.

Andrej Tarkovskij
- *La forma dell'anima. Il cinema e la ricerca dell'assoluto*, BUR, Milano, 2012.

Victor Turner
- *From Ritual to Theatre*, PAJ Publications, New York, 1992.

Gabriele Vacis
- *Awareness*, RCS, Milano, 2002.

Aggiungo due soli riferimenti a riviste periodiche di studi sul teatro, tra le tante che esistono, perché sono state una guida importante per la mia formazione, grazie al livello molto alto dei loro contenuti. Una è pubblicata negli Stati Uniti dal 1955, l'altra in Italia dal 1986, e sono tutt'ora in attività:

- *TDR The Drama Review* – mitpressjournals.org/tdr
- *Teatro e Storia, rivista di studi teatrali* – teatroestoria.it

Nota: da entrambi i siti è possibile scaricare liberamente alcuni materiali delle varie annate.

CINEMA

Una larga parte della mia ricerca rivolta all'esercizio della capacità di "saper vedere" i contenuti di un'opera d'arte si è svolta per mezzo del cinema. Qui il tentativo di selezionare qualche fonte si fa crudele: sono decine e decine i film che mi hanno stimolato e guidato alla comprensione dei contenuti di un'opera d'arte, e non sono certo pochi quelli che mi restano impressi nella memoria come vere e proprie "esperienze" di visione, portatrici di genuine intuizioni. Scelgo una dozzina di titoli appartenenti, nella mia personale esperienza, a questa seconda categoria, consapevole di non considerarne chissà quanti altri.

- Stanley Kubrick, *2001, Odissea nello spazio*, 1968.
- Terrence Malick, *La sottile linea rossa*, 1999.
- Federico Fellini, *8 ½*, 1963.
- David Lynch, *Twin Peaks* (48 episodi TV + due film), 1990-2017.
- Andrej Tarkovskij, *Nostalghia*, 1983.
- Jim Jarmusch, *Dead Man*, 1995.
- Pina Bausch, *Die Klage der Kaiserin*, 1990.
- Roy Andersson, *Canzoni del secondo piano*, 2000.
- Joel ed Ethan Coen, *A Serious Man*, 2009.
- Charlie Kaufman, *Synecdoche, New York*, 2008.
- Sergej Paradžanov, *Il colore del melograno*, 1968.
- Alejandro Jodorowsky, *La montagna sacra*, 1973.

A questa ristrettissima selezione, puramente esemplificativa, aggiungo i seguenti film che sono stati oggetto di analisi più formali da parte mia, alle quali ho dedicato una serie di conferenze/lezioni, a partire dal 2013, riunite sotto il titolo *Narrare il Cinema:*

- Pier Paolo Pasolini, *Che cosa sono le nuvole?*, 1968.[100]
- Alan Schneider (sceneggiatura di Samuel Beckett), *Film*, 1965.
- Jean-Marie Straub e Danièle Huillet, *Sicilia!*, 1998.
- Lars Von Trier, *Le cinque variazioni*, 2003.
- Peter Weir, *The Truman Show*, 1998.[101]
- Norman Jewison, *Jesus Christ Superstar*, 1973.
- Mark Osborne e John Stevenson, *Kung Fu Panda* (animaz.), 2008.
- Andy e Larry Wachowski, *Matrix*, 1999.
- Pier Paolo Pasolini, *Il Vangelo secondo Matteo*, 1964.
- John Carrol Lynch, *Lucky*, 2017.
- Lars Von Trier, *La casa di Jack*, 2018.

DOCUMENTAZIONI VIDEO SUL TEATRO

Viviamo, nel bene e nel male, in un'epoca in cui l'accesso alle informazioni è pervasivo, grazie alle potenzialità offerte da Internet. Quello che per me negli anni novanta del secolo scorso era solo un sogno, ovvero poter accedere a documentazioni video sul teatro che studiavo, oppure a certi dietro le quinte del cinema, è ora possibile per moltissimi contenuti. Sulle piattaforme di condivisione dei video sono reperibili liberamente un vasto numero di materiali, a volte in forma integrale, altre volte almeno in forma di

---

[100] Ho successivamente ampliato i contenuti della conferenza relativa a questo cortometraggio, che sono diventati un libro: Lorenzo Sangalli, *Pasolini e lo sguardo del Poeta*, Giuseppe Vozza Editore, Caserta, 2017. Il libro è oggi reperibile come seconda edizione *in proprio*.

[101] Ho sviluppato la conferenza relativa a The Truman Show in forma di breve saggio, che è stato pubblicato sul numero 7 dei *Quaderni della Sapienza*, Irfan Edizioni, San Demetrio Corone (CS), 2020.

estratti.[102] A volte esistono *canali* ufficiali, specialmente per le realtà tutt'ora esistenti e gli artisti in vita, in altri casi sono utenti tra i più vari che condividono o rilanciano quello che hanno trovato. Spendere tempo nella ricerca di questi materiali vale veramente la pena, sapendo però che, nel caso delle arti performative, nessuna documentazione video potrà mai, in nessun caso, restituire l'esperienza di essere stati compresenti all'artefice nel momento della rappresentazione; ma, se non altro, consultando tali "memorie" di archivio si potrà avere almeno un'idea di come si svolgessero certe performance. Ecco quindi un (parzialissimo) elenco di *parole-chiave* da cui si può partire per ricerche online, usando i motori di ricerca delle piattaforme video (e non solo).

- Jerzy Grotowski – Teatro laboratorio – Training – Arte come veicolo – Thomas Richards – Workcenter*[103]
- Eugenio Barba – Odin Teatret* – Antropologia teatrale
- Mejerchol'd – Biomeccanica
- Antonin Artaud
- Étienne Decroux
- Peter Brook
- Living Theatre – Julian Beck – Judith Malina
- Dario Fo – Mistero Buffo
- Carmelo Bene
- Societas Raffaello Sanzio – Romeo Castellucci
- Teatro Valdoca* – Cesare Ronconi – Mariangela Gualtieri
- Antonio Rezza e Flavia Mastrella*
- Danio Manfredini
- Gabriele Vacis
- Enrico Bonavera
- Mario Barzaghi – Teatro dell'Albero*
- Raul Iaiza – Regula Teatro*
- Paolo Nani*

---

[102] Va da sé che la conoscenza di altre lingue moltiplica esponenzialmente le possibilità di reperimento di materiali di grande interesse. E, comunque, in tanti casi è più importante ciò che si vede rispetto a ciò che si può capire tramite i commenti parlati o per mezzo dei dialoghi, quindi è sempre suggerito di visionare anche documenti in lingua sconosciuta.

[103] Per i nomi contrassegnati da un asterisco è possibile trovare il loro canale ufficiale su YouTube. Altri sono presenti in diversi canali social.

Aggiungo, per concludere questa personale selezione di fonti, il riferimento ai siti Internet ufficiali di tre istituzioni teatrali che sono per me tra i principali riferimenti (certamente non i soli) per un teatro dalle caratteristiche adatte per sviluppare pienamente un'arte dello spettatore.

en.grotowski-institute.art.pl
grotowski.net/en

> *Sito del **Grotowski Institute** di Wroclaw (Polonia) che ha sede negli stessi locali occupati dal Teatr Laboratorium dal 1965 al 1982, e che raccoglie tutta la documentazione del periodo polacco del gruppo di Grotowski, di cui una parte molto interessante è consultabile online a partire dal secondo link (vengono dati i link con i contenuti in Inglese, vi sono poi le pagine in lingua polacca).*

odinteatret.dk

> *Sito dell'**Odin Teatret** di Hostebro (Danimarca), gruppo fondato e diretto da Eugenio Barba nel 1964 e tutt'ora in attività (sito con pagine in lingue miste, principalmente Inglese e Danese).*

theworkcenter.org

> *Sito del **Workcenter of Jerzy Grotowski and Thomas Richards**, fondato a Pontedera (PI) da Grotowski nel 1986, dove ha condotto le sue ricerche sul teatro in quanto "arte come veicolo" fino alla sua morte, avvenuta nel 1999.*

Grazie a tutti gli autori, amanti del sapere, che, in ogni tempo e in ogni luogo, hanno prodotto le più varie fonti di trasmissione di ciò che avevano compreso, consentendomi così di accrescere, per quanto mi fosse possibile, le mie conoscenze.

Grazie a chi, negli anni, mi ha permesso di condividere, e quindi di vivere in prima persona, i processi umani e artistici che allenano alla contemplazione e, quindi, alla consapevolezza dell'attimo presente.

Grazie a tutti gli artefici di opere artistiche al cui incontro sono stato investito dalla deflagrante esperienza di una profonda e illuminante intuizione.

E grazie in anticipo per quello che potrà ancora avvenire di tutto ciò, in futuro.

Grazie agli amici e alle amiche che hanno letto le bozze e mi hanno dato qualche nuovo spunto e dei buoni consigli per aggiustare il tiro in alcuni passaggi del testo.

Grazie a Massimo e a Raúl per avermi donato il loro contributo e, ben prima di questo, un'amicizia che, letteralmente, attraversa i secoli.

E la mia gratitudine va alla memoria di quel breve incontro avuto nel 1996 con Jerzy Grotowski, straordinario artigiano, generatore di mondi, la cui eredità credo sia di aver mostrato, in ultimo, come la più grande tra le possibili opere d'Arte sia l'essere umano stesso.

L.S.

© Lorenzo Sangalli, 2021

Citazioni da questo libro possono essere riprodotte con qualsiasi mezzo di diffusione, a condizione che vengano sempre indicati autore e fonte.

Contatti:

Losanga@gmail.com
facebook.com/Losanga
vimeo.com/Losanga